はじめてみよう！

若者と議会の

明るい

ワークショップ

使える
実践
マニュアル

松下啓一（著）

千葉県御宿町議会（協力）

JN222100

はじめに

　若者の発想と活動力があれば、まちが元気になることは間違いない。ぜひとも若者に議会・議員のことを知ってもらいたいし、一緒にまちの未来を考えたい。しかし、どこから手を付けてよいか、実際、若者は集まってくるのか、なかなか自信が持てないという議会・議員も多いだろう。

　実は若者のほうも戸惑っている。自分たちの活動や悩みを理解してもらいたいが、議会・議員は何か遠い存在で、どのように関わったらよいのか、よくわからない。

　このミスマッチは、もったいない話で、そこを架橋するのが、「若者と議会の明るいワークショップ」である。そして、これができれば、議会と子育中のお母さん、議会と働き盛り世代など、対話の場はいくらでもできる。

　本書は、若者と議会の明るいワークショップの実践マニュアルである。千葉県御宿町の若者と議会とまちづくりワークショップを素材に、実際どうやるか、どうやってみたかを示している。本書の作成に当たっては、御宿町の町議会・事務局の方々には、多大なご協力をいただいた。

　本書を大いに参考にし、あるいは大いに加工して、それぞれのまちで、若者と議会の明るいワークショップをやってもらいたい。

松下啓一

御宿町は、千葉県の南東に位置する小さな町です。美しい海岸線と自然豊かな暖かな町ですが、人口は年々減少しており、高齢化率が高いことが大きな課題となっています。私はそんな御宿町で生まれ育ち、現在、御宿町議会の議長を務めています。

　小さな町だからこそ、町民の皆様の声をより広く取り入れ、まちづくりに生かしていく必要があります。

　特に、町の今後を担っていく若者に関心を持ってもらい、協力してもらうことはとても重要です。その取組みのひとつとして、「若モノ×議会まちづくりワークショップ」を開催しました。少人数のグループに分かれて御宿町に関するテーマについて話し合い、最終的にまとめたアイディアを発表していただきました。とても意義ある取組みができたと感じています。

　今後、ワークショップ実施後のアイディアや意見をどのように反映させるかが課題となっていますが、議会内で協議して書面にした上で議会の総意として町長に働きかけていきたいと考えております。

　他にも、議会報告会を実施したり、令和6年6月の定例会から、費用をかけずに（議員のカメラ・パソコンを借りて）、議会インターネット中継をライブで配信しています。

　話は変わりますが、私のモットーは「とにかくやってみる！」「人と接するときは明るくフレンドリーに！」です。議会議長として、自然と歴史、文化に富む御宿町のまちづくりに日々励んでいく所存です。

　最後になりますが、ご指導くださいました松下先生、日頃から議会運営にご理解ご協力いただいている町民の皆様、その他関係者の皆様へ感謝を申し上げますとともに、身近に感じられる議会を目指して議会運営を進めてまいりますので、今後ともご理解ご協力くださいますことをお願い申し上げます。

千葉県御宿町議会議長　滝口一浩

CONTENTS

はじめに ・・・・・・・・・・・・・・・・・・・・・・ 2

Ⅰ. 千葉県御宿町議会の取組みから ・・・・・・・・・ 6

　① 千葉県御宿町
　② 若者と議会の明るいワークショップ・全体像を押さえておこう
　③ なぜ若者と議会との明るいワークショップなのか

Ⅱ. 事前に決めておくことは何か ・・・・・・・・・ 17

　① 目的を明確にする
　② 基本的な考え方やスタンスをしっかり確認しておく
　③ テーマの選定
　④ スケジュールをつくる
　⑤ 参考事例の調べ方
　⑥ 議会側の準備

Ⅲ. 若者をどうやって集める ・・・・・・・・・・・・・・ 31

　① 若者の範囲
　② 心配はいらない・若者は参加する
　③ 若者の集め方
　④ 何よりも参加してよかったと思えるワークショップ

Ⅳ. 開催に向けてどんな準備作業をするのか ・・・・・・・・ 49

　① 事前打ち合わせ
　② 会場手配
　③ 参加者の確認
　④ グループ構成
　⑤ 会場設営

Ⅴ．明るいワークショップをつくる（開催）・・・・・・・・・・54

　　1 当日の流れ
　　2 楽しく気楽にウエルカム
　　3 ワークショップを始める
　　4 ファシリテーター
　　5 服装
　　6 発表
　　7 振り返り

Ⅵ．行政との連携はどうするのか・・・・・・・・・・・・・・・75

Ⅶ．御宿町に聞いてみよう・・・・・・・・・・・・・・・・・77

　　1 HP で調べてみたらよい
　　2 問い合わせてみたらどうだろう
　　3 行ってみるのが一番いい

Ⅷ．実際に使ったプログラムなど・・・・・・・・・・・・・79

　　1 準備リスト
　　2 当日プログラム
　　3 進行シナリオ
　　4 ファシリテーターシナリオ（別紙）
　　5 自己紹介カード
　　6 アンケート
　　7 発表用シート（第 1 回目に使用）
　　8 ワークショップのルール A3 判（1 回目、2 回目に使用）
　　9 会場図

おわりに・・・・・・・・・・・・・・・・・・・・・・・112

I. 千葉県御宿町議会の取組みから

1 千葉県御宿町

> **サーフィンと月の沙漠**

　御宿町は、首都圏の人ならば、行ったことがあるという人も多いだろう。千葉県の外房海岸に位置し、サーフィンと月の沙漠のまちである。人口は約7,000人、R6.6.30時点で高齢化率52.45％（千葉県トップ）、財政力指数は0.39と、ある意味、典型的な地方の小さな町である。

　町議会は議員定数10名、議会事務局は局長以下2名体制である。

月の沙漠記念像（御宿町提供）

> **若者と議会とのワークショップ**

　千葉県御宿町議会は、これまで2023年7月と2024年2月に「若者と議会とのワークショップ」を実施した（2024年度も2回実施予定）。

　若者と議会、しかもワークショップというやり方は、御宿町の議会にとって初めての試みである。運営側の議員たちや事務局は、大いに戸惑いながら実践した。試行錯誤であったが、それゆえに気がついたこと、こうすればよいというヒントもたくさんある。

住民との対話は手強いというイメージ

　コロナ禍で途絶えてしまったが、御宿町議会でも、住民との対話は行ってこなかったわけではない。

　2018年3月には、カフェ方式で住民と対話する場を設けた。ただ、このときは参加者も少なく、結局、その後続けて実施することはなかった。

　それ以前にも、各種団体（商工会青年部、漁業組合、区長会、中山間実行委員会、観光協会、商工会）との懇談会を実施したが、要望を聴く場になることが多かった。

　議会と住民では、話が一方通行になり、また要望を聴く場になってしまいがちである。議会にとって、住民との対話は手強いというのが、これまでの体験だった。このように、成功体験が乏しいなかでの挑戦となった。

御宿町議会議員フルメンバー（御宿町提供）

Ⅰ．千葉県御宿町議会の取組みから

② 若者と議会の明るいワークショップ・全体像を押さえておこう

全体の概要

　最初に、御宿町議会で行われた「若者と議会とのワークショップ」の概要を押さえておこう。

　令和5年度は、2回実施した。夏（2023年7月8日）と冬（2024年2月17日）である。日時は、議会の日程や想定される参加者の都合（行事等）を勘案して決定した。

　全体には2時間のワークショップである。第1回目は午後から（14時～16時）、第2回目は、午前中（10時～12時）である。ただ実際には15分ほど後ろに押した。これは想定内である。

　机を島型にして、議員と若者5,6人で、ひとつのテーブルを囲むグループワークの形式である。

　進行は、開会・挨拶から始まり、ワークショップの概要説明や自己紹介等があり、ワークショップが開始される。

　話し合いは、前半と後半に分かれている。前半はテーマに関する課題等の意見交換、後半はその課題に対するアイディアや提案という配分になる。

　その後、発表、それらを受けての総評・閉会という流れである。

　1回目、2回目とも、笑い声の溢れるワークショップになった。

ワークショップの様子(御宿町提供)

第1回目

第2回目

> **ワークショップとは**

　ワークショップとは何かについては、正確に説明しようとすると、案外、難しい。今でも、的確な日本語訳はないように思う。

　もともとワークショップは、舞台芸術の人たちが言い始めたが、彼らのワークショップは、まさにワークである。

　しかし、まちづくりのワークショップは、グループでの話し合いがメインになる。小集団に分かれ、メンバー間で自由闊達に意見交換する、そんなワークである。

　今回紹介する若者と議会の明るいワークショップも、グループによる話し合いである。

Ⅰ.千葉県御宿町議会の取組みから　9

まちづくりワークショップのメリット

一般的な会議		ワークショップ手法
■みんなが意見を言える？ ・発言者が限られている。 ・緊張して、まわりの目が気になって意見を言えない。		・ふせんなど使って、誰もが自由に発言できます。 ・余計な緊張をすることなく、思ったことを発言できます。
■みんなで決めている？ ・初めから結論が決まっている。 ・意見を言っても無駄。		・参加者の意見でものごとを決めていけます。 ・参加者の思いを共有することができます。
■みんなが納得できている？ ・意見を言っても否定される。 ・意見を言ったり、提案すると、それをやらされる。		・アイデアを深めていけます。 ・取り組もうと決めたことについて、参加者同士で、取り組み方を考えることもできます。
■みんなに伝わっている？ ・何を言われたかわからない。 ・内容が難しくてわからなかったけれど、誰にも聞けない。		・参加者同士でわからないところを聞き合い、確認できます。 ・参加者同士で感想を言い合い、重要な点を共有できます。
■みんなが他人ごと？ ・行政の説明として聞いた。 ・決まったことを、誰かがやってくれるようだ。		・発表内容を振り返って考えることで、理解が深まります。 ・話し合ううちに、私も協力しようという気持ちが芽生えます。
■意欲を引き出している？ ・私はこんなことができてやってみたいのに、聞いてくれないなら静かにしていよう。		・まわりが賛成してくれることで、取り組む意欲が増します。 ・応援してくれる人、仲間が見つかることもあります。

（出典）総務省ＨＰ

③ なぜ若者と議会との明るいワークショップなのか

なぜ若者なのか・きちんと位置付けられていない

　日本の法制度では、若者は制度の谷間になっている。法制度が対象とするのは、基本的に 18 歳未満までであり、18 歳を過ぎると、ほとんど制度の対象外となっている。

　人口減少が進み、社会全体の高齢化が進むなか、その社会の支え手である若者に大いにがんばってもらわなければいけない時代になったのに、肝心の若者は、日本の法制度の埒外で、きちんと位置付けられていない。

法律名	若者の年齢定義
児童福祉法	18歳未満の者
児童虐待の防止等に関する法律	18歳未満の者
母子及び父子並びに寡婦福祉法	20歳未満
児童手当法	18歳に達する日以後の最初の 3 月31日までの間にある者
児童買春、児童ポルノに係る行為等の処罰及び児童の保護等に関する法律	18歳未満の者
インターネット異性紹介事業を利用して児童を誘引する行為の規制等に関する法律	18歳未満の者
青少年が安全に安心してインターネットを利用できる環境の整備等に関する法律	18歳未満の者
子ども・子育て支援法	18歳に達する日以後の最初の 3 月31日までの間にある者
次世代育成支援対策推進法	概ね18歳まで及び子育て家庭

（資料）筆者作成

　実際、市町村には、さまざまな委員会や会議があるが、若者が参加しているのがどのくらいあるのか。若者の出番は、ほとんどないのが実情

Ⅰ．千葉県御宿町議会の取組みから　　11

だろう。

　きちんと位置付けられておらず、むしろ疎外されていては、いくら若者でも、とてもがんばる気にならない。

なぜ議会によるワークショップなのか・若者政策を所管する部署がない

　若者は法制度の谷間にあるので、省庁別縦割り制度が色濃く残る自治体の組織体制のなかでは、若者に対する政策を所管する部署がない。

　また、仮に大事な政策だと考えても、ただでさえ人手不足で、現行の仕事だけで目一杯で、なかなか手を上げることもできない。

　他方、議員の強みは、縦割りの所管がないことなので、大事だと思ったら、政策の対象とすることができる。

若者が対象だと失敗しない

　若者対象のワークショップは失敗しない。私はたくさんやっているが、失敗したことがない。その理由は、必ずしも明確ではないが、若者は前向きで、建設的な意見を好む。自分ができないことを棚に上げて、相手を非難するようなことはあまりしない。その分、前向きで積極的なワークショップになるように、運営することは大事である。御宿町のワークショップでは、議員がこの点に心がけ、明るい会議になっている。

アジェンダの設定が難しい・政策の窓理論から

　若者に対する政策は、政策課題とするのが難しいテーマである。どうすれば、新しい政策が俎上にのり、政策課題として設定できるか。

　最も参考になるのは、Ｊ・Ｗ・キングダンの政策の窓モデルだろう。このモデルによれば、問題の流れ、政策の流れ、政治の流れの３つの流れが合流したときに、政策の窓が開かれる（政策が設定される）としている。

（1）問題の流れとは、いくつもある政策課題のなかから、これに取組
　　　もうと認識され

（2）政策の流れとは、いくつかのアイディアのなかから、これならい
　　　けるという政策アイディアが練られ

（3）政治の流れとは、今だという政治的好機なとき

である。順次、見ていこう。

問題の流れ・なぜ「若者と議会とのワークショップ」なのか

　御宿町議会では、数ある政策課題のうち、なぜ若者と議会とのワーク
ショップに注目したのか。つまり問題の流れをどのようにつくったかで
ある。

❶議会としての危機感

　第一は、議会としての危機感である。御宿町の人口は減少が続いてい
る。今後の町の維持、活性化には、若者の参加が不可欠であることは間
違いない。本来なら、まちづくりへの若者参加は、行政が取組むべきこ
とであるが、議会が、まず取組み、行政の活動を後押ししようというこ
とだろう。議会自身にとっても、若者との対話ができれば、議会の自信
になっていく。

　「議会の会議でも、議員報告会をはじめ、議会と町民が意見を交換す
る機会を多様に設けてはどうかといった意見が度々出ていた。今回実施
にあたり、住民に信頼され、住民の意見が届く議会にできればとの想い
で開催した。特に若者、高校生が御宿に対して、いろいろな考えと意見
を聴けたことは大きな収穫だった」（土井茂夫前議長）。

❷若者の転出超過・人口ビジョンから

　御宿町では若者の転出超過になっている。近隣には、大学も少なく、

Ⅰ．千葉県御宿町議会の取組みから　　13

また就職先は多くはないため、学校卒業と同時に転出することになるからである。

　これはある意味、仕方がないことではあるが、若者が町を出る際には、「町への思いを持って転出してほしい」「他の町に移っても、この町のことを誇りに思ってほしい」「ときどき町のことを思い出しながら暮らしてほしい」。それが、いつか町に戻ってくるきっかけにもなるかもしれない。

　同時に、町に残った若者も自信を持って、町で暮らしてほしい。町のなかで、その力を存分に発揮してほしい。

　若者と町をつなぐ何らかの事業が必要である。

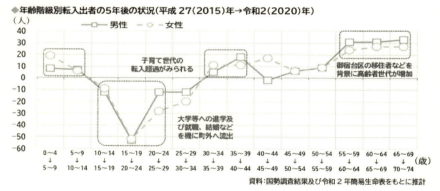

年齢階級別転入出者（御宿町提供）

❸何よりも若者と話すと元気になる

　若者がワークショップに来てくれたということだけで、何か、にこやかになり、嬉しくなる。若者とまちの将来を一緒に考えると、よし自分たちも、より一層がんばろうという勇気が湧いてくる。若者には、人を元気にする不思議な力がある。

❹研修会の学びから

　2023年2月に、御宿町・大多喜町両議会議員を対象に、研修会があった（「みんなが力を出すまちづくり・野球は9人でやろう」講師：松下啓一）。そのなかで、人口減少、高齢化、過疎に悩むまちでも、若者参画のまちづくりをしている事例を学んだ。他でもできるなら、わが町でもできるのではないか。

　こうした背景や状況が重なって、町の若者と町議会の議員たちという普段あまり接点のない人たち同士が集まって、「これからの御宿について楽しく語り合ってみよう」という取組みをやってみようということになった。

　そこで、私（松下啓一）に相談が来て、一肌脱ぐことになった。

議員研修会（御宿町提供）

❺これも議会報告会ではないか

　議会基本条例には、議会報告会を開くという規定も多い。大事なことであるが、その実際は、参加者が少ない、参加してもいつものメンバー、議会からの一方的な説明になりがち、住民からは要望や批判ばかりになってしまう等の課題も多い。

　議会と若者との明るいワークショップは、新たな議会報告会の試みで

ある。いつもは参加しない若者が参加し、双方向で議論する、町の未来
や希望について話し合う。

　これももうひとつの議会報告会である。そこから、新たな住民と議会
の関係も生まれてくる。

政策の流れ・実施に当たって心配だったこと

　町の若者と議員たちという普段あまり接点のない人たち同士が集まっ
ての話し合いである。「これからの御宿について楽しく語り合ってみよ
う」といっても、本当にできるのか。成功体験が乏しいなか、心配ごと
はたくさんある。なかでも、大きな心配ごとは、次の３つである。

❶全体像がよく分からない

　どこから手を付けたらよいか、どのように進めたらよいか、よくわか
らない。

❷若者が集まるか

　住民だって簡単に集まらない。まして若者を集めることができるのか。

❸楽しい対話・交流の場にできるか

　これまでは、議会からの説明の場にとどまり、住民からの要望の場に
なりがちである。双方向の楽しい対話・交流ができるのか。

政治の流れ・９月には改選になってしまう

　政治的にちょうどよいタイミングでなければ、政策の窓は開かないが、
御宿町では９月には議会選挙があり、今のメンバーが改選になってしま
う。今が好機ということで、第１回目が開催された。

II. 事前に決めておくことは何か

　キングダンの政策の窓理論のうち、今回のテーマで最も難しいのは、「政策の流れをつくる」である。成功体験が乏しいなか、これならいけるという政策のアイディアを積み上げることが難しい。

1 目的を明確にする

なぜ若者と議会の明るいワークショップをやるのか・ここはとことん議論する

　何のために若者と議会の明るいワークショップを行うのかを明確にしておく必要がある。

　事業の実施までには、さまざまな課題や思わぬ障害があるが、目的が明確ならば、途中、ブレないでいけるし、迷ったら目的に戻って考えればよい。適切な答えが必ず見つかる。

　「わが議会では、何のために若者と議会の明るいワークショップをやるのか」。時間をかけ、納得ができるまで大いに議論してほしい。

　御宿町では、若者には縁遠い議会というものを若者にも理解してもらうとともに、議会の議事や運営に若者の思いを反映させたいという目的で、このワークショップを企画した。

御宿町のワークショップ

　御宿町では、次のように開催趣旨を説明している。

今回のワークショップの開催について（第1回目）
　御宿町議会では、以前から町の住民や各種団体と懇談会や意見交換会などを実施してまいりました。

新型コロナウイルスの感染拡大から、そのような事業を実施することができませんでしたが、今年に入りようやく落ち着きを取り戻しつつあります。

一方で、感染を防ぐために、人と人との接触を避けることで、地域の行事や活動が長期にわたり自粛することとなり、これまで人と人との交流や親睦によって深めてきた住民同士のコミュニケーションが薄れるとともに、地域の経済や活気が戻らない状況になってしまっています。

御宿町議会では、住民と意見を交わすなど、コミュニケーションを図ることで、議会活動を少しでも理解していただくとともに、貴重な意見を今後の議会運営に活かすことを目的に、ワークショップを実施いたします。

グループワークでは、普段話す機会がない議員と会話することで、思いや意見を伝えるとともに、私たちが住みやすいまちをつくるため、参加者みんなでアイディアや知恵、経験を聴き合い、語り合いましょう。

【第2回 ワークショップの開催について】

御宿町議会では、住民と意見を交わすなど、コミュニケーションを図ることで、議会活動を少しでも理解していただくとともに、貴重な意見を今後の議会運営に活かすことを目的に、第1回ワークショップを昨年7月に実施し、貴重なご意見やヒントをいただき、議会活動に生かしてきました。

また、令和5年9月に御宿町議会基本条例を制定し、ますます住民の皆さんとの意見交換や情報交換が重要であることが謳われました。そのようなことを踏まえまして、第2回ワークショップを実施いたします。

今回は、テーマを増やしての開催になります。私たちが住みやすいまちをつくるため、参加者みんなでアイディアや知恵、経験を聴き合い、語り合いましょう。

2 基本的な考え方やスタンスをしっかり確認して おく

どの事業にも言えるが、事業遂行に当たっての基本的な考え方をしっかり押さえることがスタートである。

「聴き合い、話し合う」・陳情や要望の場ではない

「楽しく語り合う」が目標であるが、議会の場合、住民（若者）から話を聞く（陳情・要望を受ける）というスタイルに陥りやすい。実際、最初の企画書では、「ワークショップを通して、住民の皆さんが考えていること、希望していること、不満に思っていることなどを直接聞き、これからの議会活動に反映させる」という趣旨書になっていた。

他方、住民のほうも、水平の関係で対話・交流することになれていない。

そこで、「聴き合う、話し合う」を基本理念とし、ここを基本に、この事業を行っていくことに決めた。この基本スタンスが決まると、仕組みや運営が必然的に決まってくる（テーマの選定、参加者に配るプログラム、運営の仕方などに影響する）。

「楽しく・まじめに・オモシロく」

議会と住民の話し合いは、お互い身構えてしまい、どうしても固くなりがちである。若者と議会とのワークショップが、「楽しく・まじめに・オモシロく」なるように、ワールドカフェ方式を採用した。グループの進行役決めなども、自然に笑いが出てくるような方式を採用した。

若者をうまく使おうと思ったら失敗する

よくあるのが、若者をうまく利用しようとすることから起こる失敗である。若者は議会をＰＲするための手段ではない。若者をうまく使おう

Ⅱ．事前に決めておくことは何か　19

と考えたら必ず失敗する。若者は一度は付き合ってくれるが、次はない
と思ったほうがよい。

若者の自己変革欲求に訴える

　若者に無理やり参加してもらおうと思っても、今の若者は参加しない。
若者の内発性、若者の行動の誘因に働きかけることも重要である。

　若者がボランティア活動を始める第一の理由は「自分の人格形成や成
長につなげることをしたかった」であるので、若者のバージョンアップ
に資するように制度設計し、運営することである。

基本はWin・Win

　どんなことにも言えるが、一方だけが得をし、また一方だけが負担を
する関係では、結局、長続きしない。若者と議会の明るいワークショッ
プでも同様である。若者と議会の双方にとってのWin・Winに心がけよ
う。

小さな子どもが遊ぶ会場設営

　第2回目のワークショップでは、会場のなかに子どもの居場所がつく
られた。

　これは驚いた。普通、子ども連れのお父さん、お母さんが参加できる
ように、「託児あり」として、別室にその場所をつくるが、これは会場
の一角に、ラグカーペットを敷いて、そこに子どもたちを遊ばせるとい
うものである。委員長の北村議員の発想で、お母さん方の集まりでは、
普通にやっていることのようだ。

　若者と議員が、ワークショップしている会場で、子どもたちが、そこ
に持参のおもちゃで遊んでいる。会場の真ん中には、ウエルカムドリン
ク用のお菓子が置いてあるので、それを食べにくる。ときには、グルー

プワークをやっているお母さんのところにやってくるという感じである。

　子どもが歩き回っても、まったく問題なく、みんなでグループワークをやり、発表をやった。ワールドカフェは、喫茶店にいるような落ち着いた雰囲気という触れ込みであるが、こちらはもっとリラックスした感じで、仲間同士でパーティーを開いている感じである。あえて名前を付けたら、ワールドパーティーだろうか。

子どもの遊び場付きの会場（御宿町提供）

要所を押さえた制度設計

　傍聴者からよく言われるのが、要所を押さえた制度設計になっているという評価である。若者とのワークショップは、焼津市のまちづくり市民集会などの先行事例等を学びながらつくってきたので、要所や勘どころを押さえた運営になっているのだろう。巻末にシナリオなど使う素材や道具をそのまま載せてあるので、まずはこれらに準拠して実施し、その上で自分たちの得意パターンを創り上げてほしい。

小さな成功体験を積み重ねよう

　まちづくり全体に言えることではあるが、小さな成功体験は重要である。小さくても成功すると嬉しいし、それが自信にもつながり、継続的に実施していく力となる。

　だから、若者と議会の明るいワークショップも、ちょっとがんばれば

できるテーマ、運営方法を選ぶべきである。小さな成功体験を積み重ねながら、どんどんバージョンアップしていけばよい。

③ テーマの選定

大いに知恵を絞ってほしい

「若者と議会が一緒になって、まちの未来を考える」といっても、漠然としていては話が散漫になるし、他方、あまりに具体的すぎると話が続かない。聴き合い、話し合うという基本理念に合致するテーマを選定しなければならない。

テーマ設定のポイントは、議会は主催者として、このワークショップをどんな場にしたいか、どんな聴き合い、話し合いの場になってほしいかを明確に持っていることである。そうでないと、いつまでたってもテーマは決まらない。

ワークショップの成否は、テーマ次第なので、ここは時間をかけて、大いに知恵を絞ってほしい。

自由に話そうという設定もあり

御宿町の第2回ワークショップでは、テーマをフリートークとするグループもありという設定も試してみた。

実際には、事前に決めたテーマを話し合うグループよりも、こちらの方に人が集まった。考えてみると、若者たちが、自分の思いを語り、聴き合う機会や場所そのものがない。若者が抱えている課題は、さまざまで、しかも複合的である。そこから出発すると、こうした何でも話せる場面も必要なのだろう。

最初は、みんなが自由に話をしたら、後半の提案まで行かないのでは

ないかと心配したが、自然に、共通のテーマに収斂されていった。案ず
るより産むがやすしである。

　何でも話せますというと人は集まらないというのが経験値なので、メ
インテーマの他、自由に話せるグループもありますとした方が、集まり
やすいのかもしれない。このあたりは、試行錯誤すればいいだろう。

自分事として考えられるテーマ

　ワールドカフェの発案者であるアニータ・ブラウンとデイビッド・ア
イザックは、ワールドカフェで投げかける問いは、「力強い問い」であ
るとしている。具体的には、

- ・シンプルで明確であること
- ・発想が促されること
- ・エネルギーが湧いてくること
- ・テーマに集中して探求することを促すこと
- ・これまでの仮説や思い込みを気づかせてくれるような問いであること
- ・理想の状態や新しい発見につながる可能性のあること
- ・より深い内省を促す問いであること
- ・自分の事として考えられる問いであること

などが、その内容であるとしている。

　いずれも大事であるが、議会と若者という普段あまり接点がないもの
同士のワークショップでは、あまり欲張りすぎず、若者が「自分事」と
して考えられるテーマがよいだろう。参加者全員が自分事として、共感
し、関心を持てるテーマでなければ、活発な意見交換は期待できない。

オープンクエスチョンであること

　クローズドクエスチョンは、「はい・いいえ」や「A or B」などで、

II．事前に決めておくことは何か　23

答えることができる質問形式である。それに対して、オープンクエスチョンは、回答を制限せずに、自由に答えてもらうような質問の仕方である。話のヒントや情報が含まれているから、次の会話につなげていくことができる。若者と議会の明るいワークショップでは、話が広がっていくオープンクエスチョン方式を採用する。

御宿町では次のように考えた

第1回目は、テーマについては、3案があった。

（1）若者が意見を出せる仕組みづくり：御宿スタイル

（2）若者の居場所づくり：御宿若者カフェ

（3）若者の活動力を生かす：御宿型シティセールス

（1）は基本であり、その後に（2）や（3）が来る。まずは、（1）の若者が意見を出せる仕組みづくりから考えることにした。

第2回目は、1つにしぼらず、次の3つでやってみることにした。第1回目のときに、次回のテーマについて、アンケートを実施したので、それを2回目のテーマ選定に活かした。

（1）子育て世代の移住促進のアイディアについて

（2）子どもの遊び場・みんなが集える場所を増やす方法について

（3）フリートーク（テーマがなく、なんでも話し合える）

（1）と（2）は、御宿町が抱えている課題、（3）は、これ以外で議論したいという人向きである。

4 スケジュールをつくる

ものにはタイミングというものがある

ものにはタイミングがある。特に地方自治では、選挙サイクル、総合

計画サイクル、予算サイクル、人事異動サイクルがあり、これがひとつのタイミングである。

　たとえば、予算サイクルは、予算の事前議決の原則のもと、予算の作成は、新年度のはじまる前、つまり前年度の3月末までに、議会の議決を得なければならない。予算は年間スケジュールが決まっているから、このタイミングを逸するとすると政策（予算の裏付け）ができないことになる。

任期中の4年間で考える

　議会に対する住民の視線は厳しい。それが投票率に表れて、選挙のたびに、投票率が下がっている。若者と議会の明るいワークショップは、選挙と選挙の間、任期中の4年を単位に考えるとよいだろう。

　したがって、若者と議会の明るいワークショップを始める際には、年ごとの年次計画を立ててほしい。一過性のイベントで終わってしまわないように、1年、2年、3年と議論を深めていき、4年目は成果がカタチとなって見えるように計画するとよい。

はじめは「楽しかった」でよい

　初めの年は、議会と若者が集まって、楽しく議論できればよい。ワークショップが終わり、みなが「楽しかった」という評価になれば、それで成功である。

　ちなみに、「楽しかった」かどうかの指標は、ワークショップが終了した後、参加者が会場に残って話しを続けているか、あるいは蜘蛛の子を散らすように帰ってしまうかで分かる。

1回のワークショップ・準備や実施期間

　1回ごとのスケジュールもきちんと立てよう。段取り八分といわれる

Ⅱ．事前に決めておくことは何か　　25

ように、スタート前が肝要である。事前準備をしっかりやっておこう。

その日のタイムスケジュールにも工夫が必要で、御宿町では、参加者全員が、時間の流れや目標を全員で共有できるプログラムを配っている。

依頼は早めに・特に高校は早めに

まちづくりなどの事業やイベントに、高校生を呼ぶのが普通になった。その結果、今では、たくさんの依頼に、高校のほうが応じられないという状況が生まれてきた。たしかに、高校のほうも授業スケジュールや年中行事などの予定が一杯で、いくら議会からの要請とはいっても、応じられない場合がある。

できるだけ早く予定を立てて、高校に依頼しておくことが肝要である。

5 参考事例の調べ方

先行事例の使い方・あくまでも仮説・ヒント

先行事例があれば、全体のイメージができるし、何をすべきかも分かる。先行事例は安心して取組める担保でもある。だから、適切な先行事例を発見することが必要であるが、インターネットの時代なので、その発見は、そう難しくないであろう。

ただ、注意すべきは、先行事例は、あくまでの参考で仮説であることである。そのままコピペするのではなく、この仮説と自分のまちの状況をぶつけて、わがまちにふさわしいものに、改良することが必要である。

先進地へ聞きに行く

静岡県焼津市は、2014 年度以降、市民、議員、行政が一堂に会して、地域の課題やまちの未来について、情報を共有し、話し合い、聴き合う

場である「まちづくり市民集会」を行っている。御宿町では、この市民集会のやり方が、今回のワークショップにも参考になると考えて、議員と事務局で焼津市の担当課を訪ねた。

　焼津市も御宿町と同じ「月の沙漠」の町である。月の沙漠つながりで一気に打ち解け、担当の焼津市市民協働課では、まちづくり市民集会の実施方法や資料、工夫や苦労している点など、すべて提供してくれた。「行政間でのつながりは非常に大事であり、頼りにすべき」と実感したようだった。

焼津市まちづくり市民集会とは

　この本のなかで、参考事例として焼津市のまちづくり市民集会の話がいくつか出てくるので、簡単に紹介しておこう。

　焼津市まちづくり市民集会は、市民、行政、議員・議会が一堂に会して、地域の課題やまちの未来について、情報を共有し、話し合い、聴き合う場である。焼津市自治基本条例第17条に根拠を持つ条例設置の市民集会である。2014年度以降、毎年、実施されて、2024年1月までに、合計10回開催された。

　市民まちづくり集会は、何かを決める会議ではない。市民、行政、議会・議員が対等に話し合い、聴き合う空間を用意するものである。代表民主制の仕組みを補完する制度で、市民を自治の当事者にする試みのひとつである。

焼津市まちづくり市民集会の様子（筆者撮影）

Ⅱ．事前に決めておくことは何か　27

焼津市まちづくり市民集会の特徴

　焼津市まちづくり市民集会は、次のような内容・特徴を持っている。

・話し合い、聴き合うことが目的の市民集会である。講演会、説明会、問責会とも違うし、何かを決定する会でもない

・条例で設置されている市民集会である

・常設型で毎年開催が義務付けられている

・開催、実施は市長が行う

・運営は、市民、行政、議会の三者の協働型で行う

・議員が全員参加する（議会報告会の位置づけ）

・市民なら参加自由である（よそ者だって参加できる）

　高校生から80代の高齢者までの幅広い年代が参加する。若者については、市内4つの高校から参加している。県内外の大学からの参加もある。ほぼ１５０名前後が参加し、にぎやかな市民集会となっている。

6 議会側の準備

成功イメージを持ってスタートできるように

　若者と議会の明るいワークショップは、初めての試みという議会も多いだろうし、本当にうまくいくのか不安を持ってのスタートとなるだろう。しかし、十分な準備があれば、安心してスタートを切ることができる。

　上に述べたことを一つひとつ着実にこなした上で、スタートを切ろう。

どんな実施体制をとるか

　議員メンバーによる実行委員会をつくって実施するのが好ましい。

　御宿町では、第1回目は、主体は議会が開催することとしたが、企画や実作業の大半は、議会事務局にて参加者募集や講師等との実施内容の

協議、会場準備などを行った。

　第2回目は、継続して実施していくには、議員自らが主体となって参加者の募集や企画・運営を行うことが必要と考え、若手議員主体による「御宿町ワークショップ実行委員会」（任意）を立ち上げ、その中で参加者の募集方法、テーマの設定やプログラムの作成、アンケート内容の検討などを決定していった。

アドバイザーは必要か

　この本は、アドバイザーがいなくても運営できるように、手取り足取り詳しく書いている。

　それでも初めてで不安があるという場合は、アドバイザーがいた方がベターだろう。時間が許せば私も手伝いに行くし、手伝いに行けない場合も、遠慮なく声をかけてほしい。知ってることは何でも教えてあげる。

御宿町の議員に頼むという奥の手もある

　若者と議会の明るいワークショップを中心的に担った御宿町の議員は、実施を重ねるなかで、知識と経験を積んできた。アドバイザーが議員なら、議員同士という気楽さもあるだろう。奥の手としては、御宿町の議員にアドバイザーを頼むとよい。喜んで引き受けてくれると思う。

予算はいくらくらいかかるか

　若者を対象とするワークショップなので、基本は、ほとんどお金がかからない。アドバイザーに依頼する場合は、多少の委託費がかかるが、2回目からは、自分たちでできるだろうから、最低限の事務費等でできると思う。

　御宿町では、委託費を中心に1回あたり12万円の予算で運営している（令和6年度はさらに半減した予算で運営する）。

御宿町では補正予算で対応

　令和5年度に事業を開催するにあたり、ファシリテーター講師謝金の補助として、県の補助金に応募したが、選考から外れたため、補助を受けられなくなった。

　そこで、町の6月補正に計上することにしたが、査定段階で、議会活動であるから政務活動費で支出すべきであるなどの意見もあったが、議長や議員、職員が説明を行い、予算に計上された。

Ⅲ. 若者をどうやって集める

① 若者の範囲

若者といってもテーマや地域によって違ってくる

　若者というと、普通は20代くらいまでを想定するだろう。しかし、若者と議会の明るいワークショップは政策である。政策なので、政策目的に応じて、若者の範囲は違ってくる。

　また、地域の状況によっても、若者の範囲は違ってくる。高齢化が著しいまちでは、40代なら、まだ若者である。

若者の下限は

　高校や大学がないために、この世代の若者が、大量に流出する自治体では、中学生や高校生のときから、まちのことに関心を持ってもらうことが、この事業の目的となる。

　たとえば、愛知県新城市の若者議会では、メンバーの下限は高校入学以上、山形県遊佐町の少年議会では、中学入学（12歳）以上としている。

若者の上限は

　若者の上限も、まちの状況や何を目指すかによって違ってくる。JC（青年会議所）は40歳になるまで青年である。農業の担い手なら40代ならぜんぜん若手だろう。

　御宿町は、高齢化が50％を超えている。その状況や産業構造などから、若者は40代まで含むとした。

◆3区分別人口割合の推移

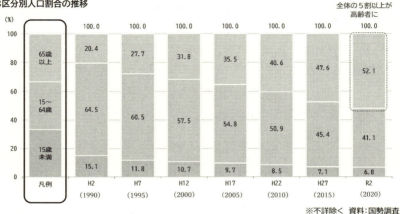

年齢階級別転入出者（御宿町提供）

> ### 基本データとしての年齢階級別人口移動

年齢階級別人口移動は、その町において、ある年齢階級の人口がどのように移動したかを示す指標である。各年齢層において、転入超過か転出超過かを見ることができる。

ここに示したのは、相模原市の年齢階級別人口移動である。相模原市には大学がたくさんあるので、18歳になると大幅な転入超過になる。しかし、働く場所が少ないので、大学を卒業すると大幅な転出超過になる。ここから若者政策のターゲットと施策内容が決まってくる。

年齢階級別人口移動は、政策を提案する上で、重要な情報源となる。地方創生の関係で、どこの自治体でも人口ビジョンをつくったが、このデータはそこに載っている。インターネットで簡単に検索できるので、まずは自分の町の若者の状況を確認しておこう。

○大学生世代は、転入超過であるが、卒業・就職とともに転出超過となっている。
○2000年以降、住宅購入世代が転出超過となっている。

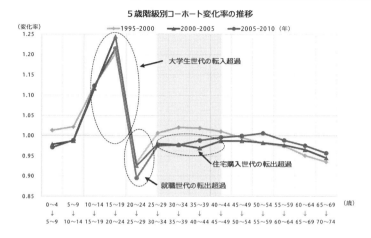

年齢階級別人口移動（相模原市人口ビジョン概要版）

実際の参加者

　御宿町の若者と議会のワークショップでは、第1回目の参加者は、議員8名に対し、若者は、10代5名（高校生4名）、20代4名、30代4名、40代4名の合計17名となった。この25名を5グループに分けグループワークを行った。

　参加者の平均年齢は、28.7才である、高齢化率約50％の町にとっては、まさに「若者」の参加者となった。

　参加した若者は実に多様である。参加した若者のなかに、ちょっと日焼けした背中のピンと伸びた若者（女性）がいたので、聞いてみるとプロサーファーだという。オリンピック強化選手の松永莉奈さんで、昨日、海外の遠征から帰ってきたばかりとのことである。

　御宿に生まれ、サーフィンに親しみ、世界に出ていった若者である。若者は、囲い込むのではなく、世界に出て行ってこそ若者であるが、町

Ⅲ．若者をどうやって集める　33

に戻ってくると、こうした町の小さな集まりにも参加する。これが若者だと思う。

　第2回目は、議員10名に対し、若者は、10代7名（高校生7名）、20代1名、30代3名、40代以上8名の合計19名となった。この29名を5グループに分けグループワークを行った。平均年齢は、32.2才であった。

松永莉奈さん提供

2 心配はいらない・若者は参加する

若者は役に立ちたいと思っている

　日本の若者は、諸外国の若者と比べても、日本人であることの誇りを持っている。自国のために役に立ちたい気持ちは、むしろ日本の若者のほうが強い。

　「社会のために役立つことをしたいと思うか」という問い（平成25年版厚生労働白書－若者の意識を探る－）に対して、「そう思う」、「どちらかといえばそう思う」が8割を占めている。ボランティア活動への関心も若者は決して低くない。

社会のために役立つことをしたいと思うか (単位：%)	
そう思う	20.8
どちらかといえば、そう思う	59.2
どちらかといえば、そう思わない	15.8
そうは思わない	4.2

　他方、「自らの参画で社会現象が少し変えられるかもしれない」こと

については、他国と比較しても、「そう思う」は最も低く、「そう思わない」は最も高くなっている。

　この若者と議会の明るいワークショップは、両者の隔たりを埋める機会（出番）である。ワークショップを通して、若者の自己肯定感を育むことができ、若者が自信をつける機会になる。

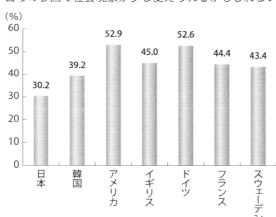

自らの参画で社会現象が少し変えられるかもしれない

(注)「次のような意見について、あなたはどのように考えますか。」との問いに対し、「私の参加により、変えてほしい社会現象が少し変えられるかもしれない」に「そう思う」「どちらかといえばそう思う」と回答した者の合計。

（出典）内閣府　平成26年度子ども・若者白書

若者の地域への愛着は強い

　若者の地域への愛着度は思いほか高い。

　青森県八戸市は、「若者が八戸市に愛着や親しみを感じているか」について意識調査を実施している（令和4年6月、八戸市内に住所を所有する18歳以上40歳未満の男女1,000名）。

　「とても感じている」（19.8％）、「ある程度感じている」（51.7％）を合わせると、愛着度は71.5％となっている。適切に働きかければ、若者と議会の明るいワークショップに参加してくれるということである。

Ⅲ．若者をどうやって集める　35

問2　あなたは八戸市に愛着や親しみを感じていますか。(〇は1つ)

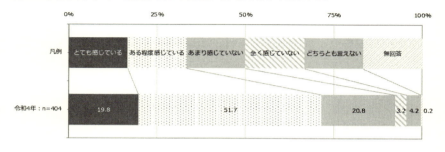

(出典) 八戸市 令和4年度八戸市「若者意識調査」アンケート

　なお、地域愛着が地域活動を活発化させるというのが、先行研究における学びである。地域への愛着があると、
・地域活動へ積極的に参加する傾向を示す
・町内会活動やまちづくり活動等の地域活動に熱心である
・防災活動等に積極的に参加する
・地域への責任感、地域活性化の活動、生活満足にプラスの効果が認められる等が指摘されている。

先輩の背中を見て参加するようになる

　新城市の若者議会は、設立して10年になるが、高校の先輩後輩、同級生つながりから、若者議会のメンバーとして参加するケースが増えてきた。先輩たちが楽しげにやっていることを見て、後輩があとに続くようだ。やはり若者を動かすには若者が一番である。

若者への温かな眼差しが若者参加を促進する

　若者と議会の明るいワークショップの仕組みも重要であるが、一番大事なのは、若者を取り巻く人たちの温かな眼差しである。

若者の行動を後押しする手法はいくつもあるが、そのなかで最も有効な手法は、「感謝の言葉、暖かな眼差し」である。感謝の言葉、温かい眼差しには、特に難しい技術も資格も必要ない。お金もかからない。誰にだって、ちょっとした心構えで簡単にできる。

　議員一人ひとりの温かな眼差しが、若者の参加を促進させる。

③ 若者の集め方

大事なのは楽しく・成長できそうだ

　若者募集のポイントは、若者の心に響くアプローチである。ポイントは次の３つである。

　①議会色を出さないようにする。堅苦しいと引かれてしまう。若者にとって「楽しめそう」。

　②若者は、自分を変えたい、成長したいと思っている。若者と議会の明るいワークショップに参加すれば「成長できそう」。

　③難しくない、自分もできるかもしれない、やってみようという気持ちが持てる「できそう」。

　そんな期待を感じさせる若者募集を考えてほしい。

若者募集方法

　参加者集めは、町の広報への掲載、ホームページ掲載、ポスター掲示やチラシ配布などが基本である。しかし、それでは簡単に人は集まらない。動員（高校等への参加呼びかけ）と口コミ（個々への声かけを含め）が有効である。

　御宿町では次のように広報した。

Ⅲ．若者をどうやって集める　**37**

「若モノ×議会」まちづくりワークショップの参加者を募集します

　町の若モノたちと、町議会の議員たち。普段あまり接点のない人たち同士が集まって、『これからの御宿について楽しく語り合ってみよう』という新企画です。

　ここから何が始まるかはまったく未知数ですが、きっと素敵な「何か」が生まれるはずです。少しでも興味がある方は、お気軽にご参加ください。お待ちしています！

日時：7月8日（土）14：00〜16：00

場所：御宿町公民館大ホール

対象者：・御宿町に住所を有する高校生　10名

　　　　・御宿町に住所を有する20代〜40代の方　15名

テーマ：住みたいまちは自分たちでつくろう　〜何ができるかみんなで考えよう〜

司会役（ファシリテーター）

・松下啓一氏（前相模女子大学教授）

・草野百花氏（相模原市南区若者参加プロジェクトメンバー）

進め方：司会役が進行を行い、各グループ（議員と参加者1グループ6名程度）ごとにテーマについて一緒に語り合い、意見をまとめます。

申込方法：電話またはメールにてお申し込みください。

※参加希望者数の状況により、先着順とさせていただく場合もありますのでご了承ください。

申込期限：6月9日（金）

申込み・問合せ：議会事務局

　　　　【電話】68-2515　【E-mail】gikai@town-onjuku.jp

150名前後の参加者を集める焼津市の場合は

　毎回、百数十人の規模の参加者を集める焼津市まちづくり市民集会ではどのようにやっているのか。やはり参加者集めの基本は、団体等への参加呼びかけと口コミが中心となっている。

　このうち、若者については、ここ数年は市内4つの高校にも参加のお願いに行っており、毎年、10名程度の参加者がある。

　また、市議会議員は、基本的に全議員（定員21名）が参加している。

　上記以外の一般参加者については、市広報の掲載等だけでは参加者はあまり望めないため、実行委員（市民、市職員合わせて10数名）が知人等に直接声かけをして参加を呼びかけている。

　簡単に参加者が増えるわけではなく、こうした地道な取組みがある。

まずは一本釣り

　新城市若者議会の若者募集では、スタート時、若者から手をあげてもらうために、さまざまなPR手段を講じた。

　そのうち、最も有効だったのは、担当者が、直接、若者に会って、思いと趣旨を伝えたことだった。一本釣りである。

　その結果、若者政策ワーキングでは10名の若者が集まったが、やはり、役所で待っているだけでは、若者は集まらない。

　ただ、慣れてきて動き始めると、若者募集方法にも変化が出る。すでに10期目になる新城市では、現在は、一本釣りといったような直接、若者に声をかける方法はとっていない。そうしなくても、若者が集まるようになってくるからである。

出向いて思いを伝える

　新城市の若者議会では、最初は地元の高校や専門学校に出かけ、ときには生徒たちの前で思いを伝えている。遊佐町の少年議会では、今でも

職員が中学と高校に出かけ、少年議員の募集をやっている。直接、若者に会って、こちら側の思いと趣旨を伝えることも大切である。

御宿町でも、御宿の子どもが通っている近隣の町の高校に、議長自ら依頼に行った。

議員一人ひとりが5人を連れてきたら

焼津市のまちづくり市民集会では、実行委員が一人5名連れてくるというのをノルマにしているが、議員全員が、一人5名を連れてきたら、大変な数になる。

声をかけても実際に来るのは多くはない。それでもいい。若者に議会の思いが伝われば、半分は成功といえるからである。

参加のきっかけとしてのSNS

若者をまちづくりに誘うツールとして、すぐに思い当たるのがSNSである。しかし、実際には有効性が低いというのが、これまでの「手ごたえ」であった。

ただ、最近ではだいぶ様子が違ってきた。「フェイスブックを見て」、「ラインで紹介されたので」という参加者が散見されるようになってきたからである。

若者の知恵を借りながら、SNSによる募集方法を工夫してみたらよいであろう。

住民票による無作為抽出

若者の参加は、口コミや直接の依頼が中心となるが、それでは、行政や議会とはまったく無縁の若者の参加は望めない。それを打開する方法のひとつが、住民基本台帳で若者世代を抽出し、そこに参加依頼の手紙を送るものである。

ドイツから始まった仕組みでプラーヌンクスツェレという。無作為抽出型住民参加手法である。日本の自治体でも、行われるようになっている。住民票はコンピュータで抽出するので、かかる経費は郵送費くらいである。

これまでの体験から、参加率は１％から３％である。1000人送って10人は少ないように見えるが、参加したいという意欲があって、しかも、これまで自治体の事業に参加したことがない若者10人を集めるのは簡単なことではない。

期待できる高校生

大学がないという市町村は多いが、高校ならば、ほとんどの市にある。むろん御宿町のように、通学制の高校がない町もあるが、学生たちは近隣自治体の高校に通っていることから、高校との縁がないわけではない。

また2022年から、高校の新指導要領では、「公共」が必修科目となった。これは、若者が国家・社会の形成に参画し、地域社会などで公共空間づくりに関与することが期待されているということなので、高校生の若者と議会の明るいワークショップへの参加は追い風になっている。

中学生もあるのではないか

これまで御宿町では、高校生をターゲットに声をかけてきたが、実施を重ねる中で、さまざまな人から、次は中学生にも声をかけたらどうかという意見が出ている。たしかに、約七千人という少ない人口、高校も町にはないという条件では、中学生の段階から、町のことに参加してもらうことが大事だろう。

なお、中学生議会というのが広く行われ、御宿町でも実施しているが、若者と議会の明るいワークショップは、これとは違う。中学生議会は、議場で質問、提案し、それに対して回答するという模擬議会である。も

Ⅲ．若者をどうやって集める　41

ちろん、それもあってもいいが、しかし、これでは相変わらず要求、要望型にとどまってしまう。これに対してワークショップは、自分の意見を言い、他者の意見を聞いて、それを止揚していく仕組みである。そこから、課題の問題点、解決の難しさ、実現可能な案を考えていくという学びと体験ができる。

　また中学ならば、どこの町にもあるという強みもある。中学生まですそ野を広げれば、参加者も増えるだろう。それが高校生になっても、参加するきっかけにもなっていく。中学生まですそ野を広げてみたらどうだろうか。

一度参加した人を逃がすのはもったいない

　これまで参加したことのない若者を新たに発掘し、実際に参加してもらうというのは簡単なことではない。それよりも、一度、参加した若者に、続けて参加してもらうほうが、より簡単である。

　それには、日ごろの関係構築が重要である。折にふれて、メールなどを送り、「忘れてないよ、気にしてるよ」と言うメッセージを送ることなどに心がけよう。せっかく、まちのことを考えようという若者がいるのである。フォローしなければもったいない。

御宿町ではどんなことをやったか

・広報　町の広報紙に載せた。ただ、広報だけでは若者は集まらない。基本は、声かけ、お願い、口コミである。声をかけても、実際に参加してくれる人は少ないが、それでもよい。今やっていること、考えていることが伝わるからである。

・高校を訪ね依頼する　御宿町には通信制高校しかないため、御宿の子どもが通っている近隣の町の高校に、議長自ら依頼に行った。高校によっては、校長先生が御宿町在住の学生を校長室に集め、「こういう

会議があるから参加しないか」と、声をかけたところもあるらしい。議長、直々の依頼に、学校としても精一杯答えたのだと思う。

・行政の若手職員への依頼　これも重要である。地域で暮らす行政職員も、まちづくりの当事者だからである。

・その他　お母さんたちが集まる機会に議員が参加依頼をした。各議員が個別に住民への参加依頼等を行った。

なお、開催の2日前に、参加者にメール及び電話で、最終的な出席確認を行い、当日の参加率を高めている。

「コロナ禍の後、公募しても参加者が集まらないことは想定はしていたが、実際に公募された方は2名ほどでした。そこから松下先生の激励もあり、議長が一緒に高校に参加者依頼に行くなどして、数名の高校生を確保できた。また他の議員も、住民の集まる機会があるごとに、お声がけをしていただくなど、議会全体で参加者の確保を行った。」（御宿町議会事務局長市原茂さん）。

④ 何よりも参加してよかったと思えるワークショップ

休日のほぼ半日をつぶしての参加

多くの若者は、勉強、アルバイト、遊びなどに忙しく、アンケートを取ると、「こうした活動に参加する時間がない」との答えが最も多いのも実情である。その若者に、休日のほぼ半日をつぶして会場まで足を運んでもらうことになる。

若者の大半は、行政や議会のワークショップに参加するのは初めての体験だと思う。ここでがっかりされたら、二度とは参加してくれない。「参

Ⅲ. 若者をどうやって集める　43

加してよかった」と思えるワークショップなら、その評判が伝播するし、「二度と参加したくない」と思ったら、その悪評は静かに伝播する。

なので、参加して居心地がよい、参加してよかったと思えるワークショップにしよう。

議員のリードで明るい
ワークショップ（御宿町提供）

若者にとっての参加動機・自分のバージョンアップ

人が動く誘因には、次の4つがある。
①金銭的利益を求める経済的誘因
②名誉や名声、地位や権力を求める社会的誘因
③満足や生きがいなどの心理的誘因
④倫理や宗教を背景に持つ道徳的誘因

若者にとっては、心理的誘因が参加の大きな要素である。

その裏付けとなるのが、年齢層別の動機（全国社会福祉協議会「全国ボランティア活動実態調査」）で、30代以下では、「自分の人格形成や成長につながることをしたかった」が、最も主要な動機となっている。

つまり、若者自身のバージョンアップになるように、若者と議会の明るいワークショップを組み立てる必要がある。

ちなみに40代、50代では、「自分の知識や技術を生かす機会がほしかった」が多くなる。自治体によっては、40代も若者として参加するが、

たしかに自分の持っている知識や技術を行政施策やまちづくりに活かせないかという趣旨で発言する人が多い。

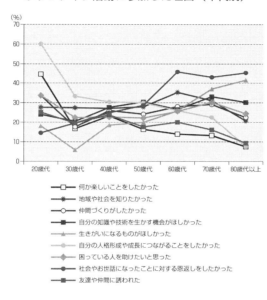

ボランティア活動に参加した理由（年代別）

（出典）大阪府教育委員会「親学習教材」

気楽さを伝える・重荷にしてはいけない

「ボランティア活動を推進する社会的気運醸成に関する調査」（平成16年度）では、ボランティアに対して関心を持ちながら、実際に参画していない人の理由の第1位は、「いったん始めるといい加減なことはできない」である。

特に若者の場合は、若者らしい真面目さで、中途半端に参画したら、迷惑をかけてしまうのではないかと心配する。ボランティアといえども、無責任ではいけないのは当然であるが、責任が重荷になって、入るのを

躊躇しては、元も子もない。

　入りやすさと同時に出やすさも重要で、またワークショップの気楽さも大切にしたい。

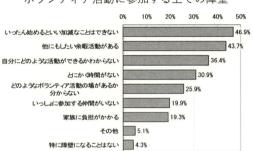

（出典）文部科学省「ボランティア活動を推進する社会的気運醸成に関する調査」

何をするのかを分かりやすく

　若者と議会の明るいワークショップといっても、経験の乏しい若者にとっては、漠然としすぎていて、具体的なイメージがしにくい。受け入れる議会の側は、何をするのか、若者は何ができるかを具体的に示すことが必要である。

写真などで視覚的に興味を持ってもらおう

　内容が分からないと楽しむことができない。若者の場合は体験が少ないから、なおさらである。

　まずは議会のホームページに、活動が具体的にイメージできるように、ワークショップの様子を載せよう。実際の写真などをふんだんに取り入れれば、活動の様子がすぐに分かる。議会の熱意が伝わると思う。

議員はロールモデル

議員の熱い思いを伝えることで、若者を刺激しよう。

若者が、普段、議員と付き合うことは少ないなかで、若者と議会の明るいワークショップを通して、議員の熱い思いや気づかなかった活動を知ることができる。そんな議員の後ろ姿は、「私もまちのために貢献できる人になりたい」というロールモデルとなる。刺激を受ける若者が出てくる。自信を持って、まちをつくることの魅力や体験談を熱く語ろう。

楽しさの見える化

楽しいという概念は、多面的である。ワークショップが愉快という点も大事だし、ワークショップに参加することで、やりがいがある、議会から頼りにされて、感謝されていると感じたことも「楽しさ」である。楽しさの多面性を再認識した上で、楽しいときづくりの工夫をしてほしい。

のぼり旗（桃太郎旗）をつくってみたら

これは若者と議会の明るいワークショップでは、まだ実践していないが、まちづくりの７つ道具のひとつが、のぼり旗（桃太郎旗）である。

旗のもとに集まり、まちづくりの目標に向かって、団結・一体感をつくろうという旗印効果が生まれてくるので、私はいつも勧めている。

のぼり旗は、ネットで検索すれば分かるが、消耗品の費用で買うことができる。今度、御宿町議会に勧めてみよう。

議員の温かなまなざしが若者を元気にする

自己肯定感、自己有用感は、自分の存在を承認してくれる他者とのかかわりあいのなかで、感じることができる。だから、社会的地位があり、公共的役割を担う議員からの励ましは、その大きな力になる。

Ⅲ. 若者をどうやって集める　47

若者と議会の明るいワークショップに参加し、議員の人たちから、「ありがとう。よかったよ」と言われることで、達成感や役に立てたという実感が湧き、やってよかったと自信が持てる。これも若者と議会の明るいワークショップならではの強みである。

社会的誘因・新聞で取り上げられる

　若者が地域のまちづくりに参加する誘因のひとつが、「社会に役立ちたい」である。その思いを後押しするものとして、名誉や名声といった社会的誘因は有効である。

　マスコミに働きかけて、若者と議会の明るいワークショップの様子を報道してもらおう。その時には、若者のコメントを書いてもらう。自分のコメントが、新聞に載るということはそうあることではないので、誇らしげに感じるだろう。

Ⅳ. 開催に向けてどんな準備作業をするのか

① 事前打ち合わせ

開催目的の確認

　なぜ若者と議会の明るいワークショップを開催したいのか。その意義や目的を再確認した上で準備作業に入ろう。ここが明確でないと、途中で道に迷ってしまうことがある。

zoomで打ち合わせ

　御宿町では、ファシリテーターとの打ち合わせは、zoom を利用して、テーマ内容や当日の進行内容などを行っている。時間は1時間程度あればできる。

　2回目は、高校生がファシリテーターを引き受けてくれたため、高校生ファシリテーターとワークショップ実行委員長と事務局で、ファシリテーターとしての役割や当日の流れ、実施にあたって気をつけることなどの打ち合わせを行った。これで高校生ファシリテーターの緊張がだいぶほぐれたと思う。

② 会場手配

飲食ができる会場

　会場によっては、規則で飲食禁止にしているところもある。これは公共施設なので好ましくないといった漠然とした理由の他、食べこぼしなどで汚れる等、管理的な理由からである。

たしかに飲食によって、他の利用者に迷惑をかける行為や設備を汚すような行為はまずいが、他方、お茶やお菓子を食べながらのほうが、お互いの気持ちをリラックスさせ、それによって議論も活発化するという効用もある。

できる限り飲食ができる会場を選ぼう。

備品手配・役割分担

当日必要な資料（配布資料、プロジェクタ投影データ、模造紙など）を準備する。巻末にリストがあるので参考にしてほしい。

当日のスタッフの役割を決めておこう。ただ、予定外のことも起こるので、臨機応変な対応も必要である。

③ 参加者の確認

案内（告知）

案内文を作成する。記載事項は、開催する目的、内容、開催概要（日時・会場・地図・定員）などである。

確認メールを送る

若者と議会の明るいワークショップの開催日直前に、参加者に対して、確認の連絡をしよう。何もしないと参加率は、7〜8割くらいに落ちてしまうが（当日のドタキャン）、確認メールを出すと参加率は飛躍的に多くなる。

4 グループ構成

聴き合う関係づくり

　グループ構成では、自分が言いたいことを言うのではなくて、話し合う、聴き合う場となるように編成する。

　そのために、会場設営や会議運営でさまざまな工夫が必要で、そのひとつが、ワールドカフェ方式である。大きな喫茶店にいるような寛いだ雰囲気で、出会いを楽しみ、互いの思いを聴き合う空間づくりを行っている。

振り分けの考え方

　グループ内でのメンバー構成は、同じ年代や立場の人が重ならないようにする。具体的には、議員、職員、会社員、NPOメンバー、学生、一般参加で振り分ける。

ラウンド・チェンジはしないほうがいい

　ワールドカフェでは、各テーブルに「ホスト」と呼ばれる役割の人が1人残り、他のメンバーは別のテーブルに移動するというラウンド・チェンジを行うのが一般的である。なるべく多くの人と話ができるようにとの趣旨である。

　ホストはこれまでの議論を移動してきたメンバーに伝えるのが役割となる。しかし、実際には、せっかくに盛り上がってきた話が途切れてしまい、打ち解けた関係がスタートに戻ってしまうことが多い。

　若者と議会の明るいワークショップでは、じっくり話しができるように、グループ変更はやらないほうがいいだろう。

IV．開催に向けてどんな準備作業をするのか　51

5 会場設営

会場セッティング

　開始1〜2時間前には会場のセッティングを行う。受付台の設置、テーブルのレイアウト変更、模造紙やカラーペンなどを並べる作業がある。

机上のセッティング（御宿町提供）

楽しい会場設営・焼津市の大漁旗

　焼津市では、壁に大漁旗を張って、いかにも魚の町らしい明るい雰囲気を出している。楽しげな会場設営にも配慮してみたらよい。

楽しい会場（焼津市提供）

リハーサル

リハーサルを実施し、マイクの音量確認や、流れの確認などを行う。その程度の簡単なリハーサルでよい。

最終打ち合わせ

ファシリテーターを含め、スタッフ間での最終的な意識合わせを行う。これも試合前の「えいえいおー」のようなものである。

注意書きは壁に張ろう

ワークショップでは、守るべきルールがあるが、それを口頭で説明しても、聞き逃すだけになってしまう。パワーポイントなどで説明する方法もあるが、ウザいし、何よりも貴重な時間を使ってしまう。その分、意見交換の時間に振り分けたほうがよい。

注意事項や心がけることは、参加者配布用にプログラムに書き、壁に大きく書き出し張り出しておこう。

注意書きは壁に貼ろう（御宿町提供）

Ⅳ．開催に向けてどんな準備作業をするのか

V. 明るいワークショップをつくる（開催）

1 当日の流れ

全体の流れ（1回目）

（1）開会・話題提供
（2）ワークショップ
「住みたいまちは自分たちでつくろう〜若者が元気で活躍する御宿をつくる・みんなで考えよう〜」（65分）

　ここがメインなので、長い時間をとった。これを前半と後半に分けた。
【前半】御宿に住み活動する若者にとって、御宿とはどういうまちなのか
【後半】若者が活躍するまちになるために、どんな仕組みや活動があったらよいだろう

（3）発表・投票（20分）
・一押し（イチオシ）の発表　たくさんの意見が出るが、このうち、みんなに知らせたい、ぜひ聞いてほしいという提案をひとつ発表してもらった。
・投票　参加者が、これはいい提案だと思ったものを投票してもらった。今回はなかったが、表彰を取り入れるのも面白いだろう。

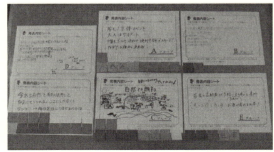

投票後（付箋1枚につき一票）の内容発表シート

これらを基本に挨拶や説明等も含めて、2時間で終わる流れとした（実際は（2）のワークショップを長めに行い、15分ほど延長した）。

全体の流れ（2回目）

（1）開会

（2）ワークショップ

　「若モノ×議会」まちづくりワークショップ「これからの御宿町」を楽しく語ろう

・子育て世代の移住促進のアイディアについて

・子どもの遊び場・みんなが集える場所を増やす方法について

・フリートーク（テーマがなく、なんでも話し合える）（70分）

　ここがメインなので、長い時間をとった。これを前半と後半に分けた。

【前半】テーマに関して、現状や課題などを話し合う

【後半】大事なのは提案　テーマについて、どうしたら実現できるか　こんな仕組みがよい、こんな活動がよいなど、テーマを実践する提案やアイディアを出そう

（3）発表・質問をしよう（25分）

・一押し（イチオシ）の発表　たくさんの意見が出るが、このうち、みんなに知らせたい、ぜひ聞いてほしいという提案をひとつ発表してもらった。

・各グループの発表後、他のグループから質問をしてもらった。

　これらを基本に挨拶や説明等も含めて、2時間で終わる流れとした（実際は（2）のワークショップを長めに行い、15分ほど延長した）。

Ⅴ．明るいワークショップをつくる（開催）　55

2 楽しく気楽にウエルカム

こころしよう

○ 対話を楽しむ
○ 話をよく聞く
○ 話を広げよう
○ 程よい脱線がいい
○ 否定しないで止揚する

音楽を流す

　御宿町では、入場開始からワークショップ開始までの間、会場内でモーツァルトを流している。会場が優雅な雰囲気になる。なぜモーツァルトなのかであるが、きっと個人の趣味だろう。

ウエルカムドリンク

　簡単な飲み物とつまむものがあればぐっと打ち解ける。ワールドカフェ型のワークショップでは、お茶やお菓子を用意する。カフェにいるような気楽な気分で、自由に意見を出し合うというのが、その狙いである。話し合いの始まる前に、お茶を飲みながら、話の花が開く機会をつくりたい。

お茶やお菓子を食べながら（御宿町提供）

最強は焼津市のウエルカムドリンクタイム

　楽しくないと、参加する気にならないし、後が続かない。

　その工夫のひとつが、ウエルカムドリンクで、焼津市のまちづくり市民集会のウエルカムドリンクタイムは、全国のなかでも最も充実していると思う。

　ここでは市販のお菓子の他、地元のお茶、かまぼこなど練り製品もふんだんに置かれている。これらは焼津市の地元企業からの差し入れである。

焼津市まちづくり市民集会のウエルカムドリンク・筆者撮影

議員の持ち寄りというアイディア

　飲食の予算が限られているという場合もあるだろう。焼津市のように地元企業の寄付というのが好ましいが、そこまでいくのが難しい。

　議員が家から余っているお菓子等を持ち寄るということはできないだろうか。ただ心配なのは、これが公職選挙法で禁止されている寄付（199条の３）に当たるのではないかという疑義である。

　個人的にある県の選挙管理委員会に聞いてみたが、このケースはグレーゾーンで、そういう場合は、慎重に考えた方がいいのではないかという意見だった。

　社会の常識とは乖離するが、法の決まりである以上、無理をしない方がいいかもしれない。

Ⅴ．明るいワークショップをつくる（開催）

③ ワークショップを始める

ワークショップ

　ワークショップは、複数の人々が、独創性を発揮し、具体的な作業を通して合意形成をはかり、成果物を作り上げていく手法である。

　ワークショップでは、広く住民が参加し、意志決定に参画することで、行政の一方通行の情報提供、意見聴取の場に終わらせるのではなく、行政と住民が対等な関係にたって協働作業を進めることができる。

基本的性格	双方向の意見交換
行政と住民の関係	対等、並列の関係。一緒のテーブルで議論する
議論の仕方	住民、行政の知識、経験等を共有しながら、知恵を出しながらともに考える
議論の内容	議論・提案が中心
結論まで	考えながら答え（結論）を出していく
決定要因	・多数の総意 ・その場に議論 ・よい意見かどうか
会議の雰囲気	・穏やかで楽しい雰囲気 ・発言のしやすさ ・全員が発言する

（資料）筆者作成

まちづくりに失敗はない

　若者の背中を押すときの言葉が、「まちづくりには失敗はない」である。私は、たくさんのワークショップに関わってきたが、そこから体験的に言えるのは、「まちづくりには失敗はない」である。

　失敗だと思っても、まちという大きなくくりのなかでは、たいしたこ

とではなく、失敗も次の成功につながると思うと、成功のようなものである。

折にふれて、声をかけよう。「まちづくりに失敗はない」。若者と議会の明るいワークショップでは、こうしたポジティブシンキングが大事だと思う。

ワールドカフェとは

ワールドカフェとは、「優れたアイディアや提案は、機能的な会議室のなかで生まれるのではなく、オープンな会話を行い、自由な雰囲気のカフェのような空間でこそ生まれる」という考え方である。

そこで、カフェにいるような寛いだ雰囲気をつくり、議員と若者が御宿の未来を話し合う。5〜6名で1グループとし、出会いを楽しみ、互いの思いを聴き合うためのさまざまな工夫を散りばめる。

ワールドカフェとは、アメリカのアニータ・ブラウン氏とデイビッド・アイザックス氏によって1995年に提唱された、対話コミュニケーションの手法で、まだ30年の歴史しかないが、まちづくりの分野で、広く使われるようになった。

ブレーンストーミング

ブレーンストーミングは、米国のアレックス・オズボーンが創始した、まさに「脳の嵐」で、脳をフル回転させて、名案を浮かび上がらせるための方法である。集団技法であり、発散的な思考法の代表選手である。

気の置けないメンバーと行うと、際立った効果を発揮する。アイディアがどんどん発展する。

基本ルールの4原則

①批判禁止・・・アイディアを出すことに集中して、アイディアの評価

V. 明るいワークショップをつくる（開催）　59

を行わないこと

②自由奔放・・・これによってオリジナリティあるアイディアを出すことができる。

③質より量・・・量をたくさん出せば、結果的によいアイディアがえられる。

④結合改善・・・すでに出ているアイディアを組み合わせるとよいアイディアが出てくる。

このうち、基本となるのが、批判厳禁と結合改善で、ともかく、他人から出たヒントやアイディアを前向きにとらえて、新たなアイディアを発想することがポイントである。「どうせ実現しない」「現状では無理だ」と考えながら、このブレーンストーミングをやっても、前向きなヒントは得られない。

うなずきながら話を聞こう

うなずきながら話を聞こう。

心すべきは、「話をしっかり聴く」である。若者に真正面から、真剣に、うなずきながら話を聞けば、自分を認めてくれているというメッセージになる。勉強、バイト、趣味、家庭の事情、自身の体調など、若者にもさまざまな事情がある。しっかり話を聞けば、それぞれの事情も見えてくる。

何よりも、「聞く耳を持たないのは、年寄りの証拠」と言われる。年齢はどうしようもないが、気持ちまで年寄りだと思われるのは悔しいではないか。自戒して、耳を傾けるようにしよう。

自己紹介

自己紹介カードを使って自己紹介をする。

自己紹介カードは、開会前の時間を利用して、記入してもらう。御宿

町で使っている自己紹介カードは、席札にもなる。山折りと表示されている通りに折ると、席札になる（関連素材5参照）。自己紹介が終わったら、席札として使おう。

自己紹介カード（御宿町提供）

見ればわかる「参加者配布用プログラム」を用意する

　プログラムというと、簡単な目次が書いてあるものが普通である。しかし、運営側と参加者が水平に関係で聴き合い、話し合うという理念を実践するには、情報の共有が必要で、プログラムもそれにふさわしいものに変わる。

　若者と議会の明るいワークショップでは、次のような参加者用プログラムを使っている。これを見れば、今、何をやっているのか、次にすべきことがよく分かる。

参加者配布用のプログラム（抜粋）

『若モノ×議会』まちづくりワークショップ

10:05
自己紹介・進行役決定

（1）　吉野 ファシリテーターから本日のポイントの説明（3分）

（2）　自己紹介カードによる自己紹介（5分）
　　　・早く来場したら、記入してください
　　　・自己紹介

（3）　グループ進行役の決定（2分）
　　　・まず、やってみるよという人がいたらお願いする
　　　・いなかったら、立ち上がって「じゃんけん」で決定

10:15
【前半】話し合い（1）（20分）
　　　テーマに関して、現状や課題などを話し合う
　　　このテーマを選んだ理由、問題意識など、ざっくばらんに発表・意見交換
　　　「キーワード」、「いい話」、「いい言葉」と「自分が思ったこと」を、どんどん模造紙の
　　　①側にメモ書きしていってください。自由に書き出す。

10:35
【後半】話し合い（2）（30分）
　　　大事なのは提案　テーマについて、どうしたら実現できるか
　　　こんな仕組みがよい、こんな活動がよいなど、テーマを実践する提案や
　　　アイディアを出そう
①　まずは考えてみよう　付箋に書こう！（5分）
　　すぐできることから、ちょっと夢みたいなことまで、思いついたことを付箋に書き出そう。
②　書いた付箋を順番に出しながら説明しよう　それについて質問してみよう
③　全員が終わったら、出されたアイディアや提案をめぐって全体で意見交換してみよう
　　（②と③で25分）

進行役を決める

　自己紹介が終わったら、進行役を決める。御宿町では、

・まず、やってみるよという人がいたらお願いする

・いなかったら、立ち上がって「ジャンケン」で決定する

方法を採用している。

ワークショップ開催日に、誕生日が近い人などに決めるなどの方法もあるが、立ち上がってジャンケンのほうが、短時間でかつ盛り上がるようだ。

話題提供

　ワークショップを始める前提として、テーマについて議論する上で、必要かつ簡潔でポイントを押さえた情報提供を行う。しかし参加者を過度に誘導しない情報提供を行うのが一般的なやり方である。

　ただ、テーマによっては情報提供がいらない場合があるし、みんなで話す時間を長くとった方がよいので、無理して情報提供しなくてもよいと思う。

模造紙を使って議論する方法

①模造紙を用意する

　模造紙の真ん中に円を書く。ワークショップの前半は円の外側、後半は円の内側を使う。この場合、模造紙は発表では使わない。きれいに書くよりも自由にたくさん書くことを意識して書く。

②前半は円の外側に書く

　ワークショップ前半は、思ったこと、気づいたことなどを話し合い、それをどんどん模造紙の円の外側に記入する。ここでのメモが多いほど後半の話し合いが充実する。

模造紙を使って議論する①（御宿町提供）

Ⅴ．明るいワークショップをつくる（開催）

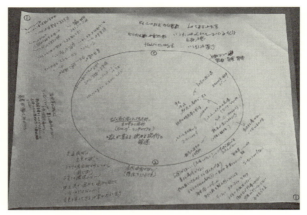

模造紙を使って議論する②（御宿町提供）

③後半は円の内側に書く

　前半で出された意見を基に、後半の話に入るが、大事なこと、みんなで盛り上がったこと、他のグループに伝えたいことなどを模造紙の円の内側に書いていく。これが次の発表の参考になる。

付箋を使って議論する方法

　こちらは付箋に意見を書いてもらい、ＫＪ法を使ってグルーピングする方法である。

　付箋を使うと、発言機会の平等化が図れ、記録に残り、また意見の整理が簡単にできる。

　なお、付箋については、「付箋のまくり方」という私の十八番があるが、その面白さは、とても文章にできないので、実際、お会いした時のお楽しみとしたい。

付箋を使って議論する（御宿町提供）

①付箋に書く

思いついたことを付箋に書く。意見はいくつ出してもよいが、１枚の付箋につき、１つの意見を記入する。これはあとでグルーピングして類型化するためである。

事前にやることを知らせておけば、あらかじめ考えてくることができる。付箋を書くときはスマホで調べてもよい。使えるものは何でも使う。

②模造紙に張り出す

次は、書いた付箋を模造紙に貼り出していく。貼り出しながら、なぜそう考えたのか、簡潔に説明しよう。

次の人は、前に近い意見が出ていれば、その付箋のそばに並べ、新しい意見のときは、模造紙の別のところに置いていく。整理する際に便利だからである。

③聴きながら思いついたことがあれば書き足す

他の人の意見を聞きながら、思いついたことがあれば、新たな付箋を書くことも大事である。

これを全員が貼り終わるまで続ける。

④グルーピング

次は、似た意見同士のグルーピングである。全体を見て、貼ってある付箋を移動させる。重複している意見があれば、上に重ねておけばよい。

⑤見出し（タイトル）を付ける

内容の近い意見同士をグルーピングし、マーカーで囲み、その上に見出しをつけよう。意見を目に見える形で集約させていく。見出しを見れば、課題や対策が一覧できる。

Ⅴ．明るいワークショップをつくる（開催）　65

全体にどのくらいの時間が必要か

　御宿町の若者と議会のワークショップは２時間である。焼津市のまちづくり市民集会は２時間４５分である。

　違いは、開催時間が午前中か午後か、ワークショップの前に情報提供をするかどうかによる。

　午前中ならば、１０時から始めて１２時に終わりとなる。午後の場合は、時間的には余裕がある。御宿町では、アンケートを取った結果、「土曜日の午前中」が一番都合のいい時間帯だった。

　体験的には、２時間はタイトすぎる。２時間半くらいがちょうどよいと思っている。

終わりの時間はどうする

　日本人は、始まる時間には厳しいが、終わる時間には比較的ルーズな国民だと思う。したがって、スタート時間は厳守して、終わる時間は、１０分程度の遅れなら、問題にはならない。話足らずに終わるよりは、そのくらいの時間超過はよいと思う。

終了後、余韻を残して

　その会議が成功かどうかは、会議が終わった後に、参加者が逃げるように会場を去っていくか、いつまでの会場に残って話を続けるかで分かる。

　御宿町のワークショップでは、若者たちは、会場に残り、いつまでも話に興じていたのが印象的だった。やはり、若者たちが集まる場、話す機会が必要だということだろう。

4 ファシリテーター

ファシリテーターとは

　参加した議員と若者たちが、楽しく主体的に話し合うための技術が、ファシリテーションである。ファシリテーター（Facilitator）は、いわば楽しい会議の引き出し役で、参加しやすい環境や雰囲気をつくり、参加者の興味や意欲を引き出しながら、会議の場を展開していくのが役割である。

　よいファシリテーターがいると、会議が活発になり、建設的で発想豊かなアイディアが出やすくなる。

探せばできる人はいる

　研修などをやっていていつも感じることであるが、講義のときには神妙に聞いていて没個性に見える若者たちは、グループワークになると、がぜん元気になる。コミュニケーション能力が求められる時代ということもあるが、私たち世代と比べると、コミュ力は圧倒的に高い。だから、声をかければ、ファシリテーターをやってみるという若者がすぐに出てくる。

１回目は私のゼミ生

　御宿町の若者と議会の明るいワークショップでは、第１回目は私のゼミ生がやった。学生時代は、大学の地元のまちづくりに参加し、大学を卒業して、銀行勤めになっても、まちづくりに続けて参加している。声をかけると、二

ゼミ生ファシリテーター（御宿町提供）

つ返事で参加してくれるので頼りになる。

2回目は前回の参加者のなかで

　いつまでも外部の人頼りではいけない。参加者のなかから、ファシリテーターやまちづくりの担い手を見つけ、育てていくことにも心したい。

　第2回目は、前回参加者の高校3年生の吉野有咲さんにファシリテーターをお願いした。議会側は受けてくれるか自信なさげであったが、声をかけたところ、案ずるより産むがやすし、快諾してくれた。

　若者のまちづくり活動への参加動機の第一は、自分のバージョンアップである。吉野さんは、すでに大学進学が決まっていて、自分の転機のときと考えたのではないか。

　「ファシリテーターの話をいただいたとき、うまくできるか不安でしたが、いざワークショップが始まると、みんな今の御宿に必要なものは何か？　何を行えばみんながより良い生活が行っていけるかなど、わたしと同じことを考えているんだという安心感がわき、皆さんの意見を聴きながら、とっても自分の勉強にもなりました。

　うまく進行ができたかはわかりませんが、皆さんが自分から発言しやすい状況をつくったり、誘導したりすることが非常に難しかったですが、進行している中で、それが非常に大切な役割であると感じました」（吉野有咲ファシリテーター）

高校生のファシリテーター（御宿町提供）

5 服装

　意外と重要なのが服装である。冬だと黒い背広、地味なネクタイのおじさんたちが若者の前に並ぶ形になりやすい。カフェにいる感じが大事なので、「楽しく・まじめな格好で来ること」と念を押すことを忘れてはいけない。

　第1回目は、夏なので心配はなかったが、念のために、気軽な雰囲気にするため、カジュアルな服装、議員バッジははずすなどを事前に確認した。

　第2回目は、冬であったが、すでに徹底していたので、「楽しく・まじめな格好」で、みなやってきた。

　『さすがにスーツではなく、ジャケットを羽織って参加しようとしたところ、それでも固すぎると言われ、あわてて車にあったパーカーに着替えました。

　「楽しく・まじめな格好」は案外難しかったですね。』（塩入健次議員）

6 発表

散漫になりがちな発表

　ワークショップにおける発表は、散漫になりがちである。発表者は、責任を持って、みんなの成果を発表しようと考え、「あれもこれも」になりやすい。その分、発表時間が長くなる。しかし、その割には、聞いている方が、あれもこれもで、逆に印象が薄くなりがちである。ぎゅっとしまった発表を考える必要がある。

Ⅴ．明るいワークショップをつくる（開催）　69

発表の様子第1回(御宿町提供)　　　発表の様子第2回(御宿町提供)

発表用シートを使う

①A3の発表用紙

　そこで、第1回目は、発表用シートを使った。このときはA3用紙とした。A3だと、一番みんなに伝えたいこと、一番盛り上がったことを集中して書くしかない。発表も締まったものとなる。

　とりわけ、焼津市のまちづくり市民集会のように、150人も参加して、発表グループが20以上になるときには、A3用紙は有効である。

発表内容シート・A3（御宿町提供）

②模造紙半分の発表用紙

　若者と議会の明るいワークショップのように、参加人数がさほど多くはならない場合は、発表時間に余裕がある。実際、Ａ３用紙では、発表が物足りなかったという反省から、御宿町の令和５年度第２回ワークショップでは、発表用紙を大きくした。

　模造紙半分の大きさの発表用紙である。余裕を持って発表できたようだ。

発表用紙・模造紙半分（御宿町提供）

模造紙で発表する

　模造紙による発表は、より詳しく発表することができる。

　付箋を整理した見出し部分を紹介し、時折、その見出し部分の裏付となる意見等を紹介すれば立体的な紹介ができる。

　模造紙の場合は、発表者がすべてを紹介しようとしがちであるが、あらかじめ要点を絞って発表する、時間管理をきっちりやることを徹底しておこう。

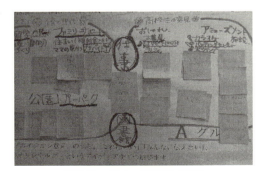

模造紙で発表（御宿町提供）

Ｖ．明るいワークショップをつくる（開催）　71

7 振り返り

アンケートの実施

　若者と議会の明るいワークショップが終わったら、最後にアンケートを書いてもらう。よかったこと、次には気をつけることをここから学ぼう。ワークショップは、結合改善である。

当日のアンケート結果

　今日のワークショップで、ご自分の思いを話したり、参加者のさまざまな意見を聴くことができましたか（複数回答）。

①自分の思いを話すことができた（11）

②あまり話すことができなかった（0）

③いろいろな人の意見が聞けてよかった（15）

④話を聞いて新たな発見があった（13）

⑤楽しめなかった（0）

⑥つまらなかった（0）

⑦その他（2）

　今日のワークショップに参加して、ご自身の気持ちが変化した点があればお書きください。

○御宿はあまり発展しないだろうなと思っていたが、御宿町のよい点やよりよく出来る点をたくさん聞けてまだまだ捨てたもんじゃないと思った。

○もっと町の実態を知りたいと思った。

○まだ社会のでき方や発展の仕方が分からなかったのでとてもよい経験になりました。

○視る点がたくさんあって、客観的に意見を知ることができた。

○できそうなことが、いろいろ見えてきて良かったです。

○自分には何もできないという気持ちがなくなった！　もっともっとこういう機会があったらいいと思う。まだまだ御宿はよくなっていけると思う！

○考えている人があまりいない、今日の会にも来る人が少ないかと思いましたが、考えを持っている人がたくさんいることに嬉しく思いました。

○自分の知らない人たちも自分と同じように、また自分よりもっと御宿のことを思っていて嬉しかった。

○思った以上に色んな意見があって、高校生の考えが聞けてすごくよかった。

○御宿の高校生に会えてよかった。

○色んな人が合わさったら色んな意見の化学反応が出来そう！！

○年齢によって課題は違うものと感じていたが、共通するものが多かった。

○自分の意見を出すことに対しての恐怖心が少し無くなったかなと思います。

○人と話すのは苦手で不安でしたが、本来参加することができて是非こういう場に積極的に参加したいと思いました。

いくつかの反省点もある

・全体的に参加者の確保について工夫・検討が必要

・高校生の募集は、高校側で調整する時間があると生徒も参加できる確率が上がる。高校と行事等を確認して日程調整を行い、早めに依頼をかける

・土曜日開催の場合は、仕事や学校の人が多いため比較的参加しづらい

・子育て世代は、子どもの世話があるので時間がとりづらい。子どもの

V．明るいワークショップをつくる（開催）　73

面倒をみてもらえるような工夫が必要
・遅れてくる参加者がいて、時間が押し気味になるので、少し時間は余裕をもって設定する

反省点を踏まえて

　前回の反省点を踏まえ、ワークショップ会場に子どもたちが遊べるスペースを作った。それにより、同じ部屋にいながら、子どもの面倒とワークショップにも参加できる体制を整えることができた。

子どもが遊べる場をつくる（御宿町提供）

VI. 行政との連携はどうするのか

議会主催ならではの課題

　若者とのワークショップは、本来、行政が率先して取組むべきことである。しかし、さまざまな理由から、行政が手を付けられない時に、議会が先鞭をつけることになる。

　議会主催の場合の課題は、ワークショップの成果を実現することが難しい点である。ワークショップで出たアイディアを行政に伝え、行政の施策に位置付けることが必要になるが、それが難しい。

　若者と議会の明るいワークショップの成果について、議会における執行部に対する質問を通して、施策化を訴えるなど、地道な取組みを続けてもらいたい。

実行予算がつかなくてもできることはある

　ワークショップのアイディアを実践するための実行予算がなかなかつかない場合もあるだろう。

　私が勧めるのは、このワークショップを通じて、住民のまちづくりコーディネーターを養成することである。2回目以降は、ワークショップ参加者のなかから、ファシリテーターをやってもらう人を育てていくが、これも若者と議会の明るいワークショップの成果だからである。

住民をまちづくりファシリテーターに育てる町

　ファシリテートを専門家に依頼するのではなく、住民自身に担ってもらう試みが、静岡県牧之原市の「まちづくり協働ファシリテーター」である。

VI. 行政との連携はどうするのか　75

牧之原市では、一般市民を対象にした市民ファシリテーター養成講座を開催し、研修を受けた市民ファシリテーターは、すぐに実践の現場であるサロンに出てスキルを高めるというやり方をとっている。

　これを議会が行うというものである。

首長挨拶をしてもらおう

　執行部との関係強化のために、私が勧めるのは、ワークショップの冒頭に首長に挨拶してもらうことである。挨拶するなかで、若者との明るいワークショップの意義を理解し、共感を覚えるようになっていくのではないか。そんな期待を込めて、挨拶をお願いすることにしている。

Ⅶ. 御宿町に聞いてみよう

① HPで調べてみたらよい

　まずはどんな様子なのか、HP で調べてみるとよい。記録が詳細に出ているので、これを見れば若者と議会の明るいワークショップの全体像はつかめるだろう。

HP：https://www.town.onjuku.chiba.jp/sub5/4/gikai_jouhou/16.html

② 問い合わせてみたらどうだろう

　ＨＰを見て、わが町でも若者と議会の対話をやってみよう、あるいは、もっと詳しく知りたいと思ったら、千葉県御宿町議会事務局に問い合わせてみたらよい。事務局が真摯に親切に教えてくれる。

③ 行ってみるのが一番いい

「こうしたらよかった」はHPに出てない

　本当に聞きたいことは、ＨＰには出ていない。問い合わせてみても、うまく答えることが難しい。文書になると、答えにくいこともあるだろう。ただし、面と向かって、こちらの悩みを語り、その上で聞いてみれば、「実は・・・」といった話も出てくる。視察に行って、話を聞くのが一番である。

その際は、御宿町に宿泊すれば一番いいし、昼食だけでも一定の経済効果がある。町民や行政の若者と議会の明るいワークショップに対する理解が、より一層進むであろう。これは Win・Win で、お互いさまにもなる。

議員同士のざっくばらんな話

　議員活動の本当のことは、議員でなければ分からない。世のなかスジばかりではないのはみな体験している。スジばかりでは固すぎるので、こんにゃくも入れて、煮込まないと本当の味は出てこない。

　議員同士という気楽さで、ざっくばらんな話ができて、若者と議会の明るいワークショップの意義や進め方のポイントが、さらによく分かるだろう。

　議員にとっては、ワークショップ以外の話、例えば各々の議会の悩みや取組みなども聴くことができるため、貴重な意見交換の場になるだろう。

Ⅷ. 実際に使ったプログラムなど

① 準備リスト

1回目

令和5年度　第1回　『若モノ×議会』まちづくりワークショップ

NO.	用意するもの	数量	配置場所	備考	チェック
1	プログラム	30	各テーブル	議員10、参加者19　他1	
2	自己紹介カード	30	各テーブル		
3	発表の得点メモ用紙	30	各テーブル		
4	アンケート用紙	30	各テーブル		
5	クリアファイル	30	各テーブル		
6	発表内容シート	5セット	各テーブル	各グループ2枚	
7	「30秒経過」「1分終了」	5	各テーブル	各グループ1枚	
8	模造紙	6	各テーブル	マジックで記入	
9	黒ボールペン	30	各テーブル		
10	色マジック	5セット	各テーブル		
11	ポストイット（50×50）	6	各テーブル	先生には大きめのものを用意！	
12	参加者お土産（エビアミーゴピンバッジ）2種類	20	各テーブル		
13	シナリオ（全体・草野さん用）	5セット		先生2　事務局2　予備1	
14	ワークショップポイント	1セット	パネル	前のパネルに掲示	
15	報道用資料（プログラム）	3		事務局にて配布	
16	参加者名簿（関係者用・受付用）	6		先生2　受付1　他2	
17	受付表示	1	入口	A3　2枚	
18	席次表			先生、事務局　グループ	
19	会場案内図（A3）・座席表	3		入口　他掲示用	
20	会場案内図（A4）・座席表	35		受付時参加者配布用	
21	パソコン	1	先生机	議会事務局	
22	スクリーン	1	前方	公民館（降下）	
23	プロジェクター	1	前方	公民館　台	
24	マイク			公民館確認	
25	CD			議会事務局	
26	卓上セロテープ	1		議会事務局	
27	ガムテープ・画鋲	1		議会事務局	
28	エビアミーゴテーブルクロス	2	先生机	企画財政課	
29	記者会見用エビアミーゴ	1	先生後	企画財政課	
30	アンケート回収ボックス	1	入口	A4箱	
31	カメラ	1		議会事務局	
32	ICレコーダー	1	司会台	議会事務局	
33	水	30	各テーブル	議会事務局	
34	お菓子	5セット	各テーブル	議会事務局	
35	お菓子皿	5組	各テーブル	議会事務局	
36	消毒グッズ＆注意書き	1	入口	消毒液・マスク	
37	パネル	1	前方	公民館から借用	
38	パネル棒	2	前方	公民館から借用	
39	机	12		公民館から借用	
40					
41					

2回目

令和5年度　第2回　『若モノ×議会』まちづくりワークショップ

NO.	用意するもの	数量	配置場所	備考	チェック
1	プログラム	33	各テーブル	議員10、参加者20　他3	
2	自己紹介カード	33	各テーブル		
3	アンケート用紙	33	各テーブル		
4	クリアファイル	33	各テーブル		
5	発表内容シート	6セット	各テーブル	※模造紙で作成する	
6	「30秒経過」「1分終了」	6	各テーブル	各グループ1枚	
7	模造紙	5	各テーブル	※模造紙で作成する	
8	黒ボールペン	30	各テーブル		
9	色マジック	5セット	各テーブル		
10	ポストイット（75×75）	6	各テーブル	先生には大きめのものを用意！	
11	シナリオ（全体・吉野さん用）	5セット		先生1　吉野ファ1　事務局2　予備1	
12	ワークショップポイント	1セット	パネル	前のホワイトボードに掲示	
13	報道用資料（プログラム）	3		事務局にて配布	
14	参加者名簿（関係者用・受付用）	6		先生1　受付1　他2	
15	入口表示	1	入口	（A3×2枚を糊付け）	
16	進入口表示	1	入口	（A3×2枚を糊付け）	
17	入口受付の表示（案内）	1	入口		
18	コロナ等対策注意書き	1	入口	受付の机の上貼付	
19	会場案内図（A3）・座席表	3		入口　他掲示用	
20	会場案内図（A4）・座席表	33		受付時参加者配布用	
21	音響システム				
22	CD			議会事務局	
23	CDプレーヤー				
24	卓上セロテープ	1		議会事務局	
25	ガムテープ・画鋲	1		議会事務局	
26	エビアミーゴ テーブルクロス	2		企画財政課	
27	アンケート回収ボックス	1	入口	A4箱	
28	カメラ	1		議会事務局	
29	ビデオカメラ	1			
30	ICレコーダー	1	司会台	議会事務局	
31	水	30	各テーブル	議会事務局	
32	お菓子	5セット	各テーブル	議会事務局	
33	お菓子皿	5組	各テーブル	議会事務局	
34	消毒グッズ&注意書き	1	入口	消毒液・マスク	
35	机	12		大会議室	
36					
37					

2 当日プログラム

1回目

『若モノ×議会』まちづくりワークショップ

『若モノ×議会』まちづくりワークショップ

令和5年7月8日（土）午後2時～4時（御宿町公民館　大ホール）

◆テーマ：住みたいまちは自分たちでつくろう
～若者が元気で活躍する御宿をつくる・みんなで考えよう～

【今回のワークショップの開催について】
　御宿町議会では、以前から町の住民や各種団体と懇談会や意見交換会などを実施してまいりました。
　新型コロナウイルスの感染拡大から、そのような事業を実施することができませんでしたが、今年に入りようやく落ち着きを取り戻しつつあります。
　一方で、感染を防ぐために、人と人との接触を避けることで、地域の行事や活動が長期にわたり自粛することとなり、これまで人と人との交流や親睦によって深めてきた住民同士のコミュニケーションが薄れるとともに、地域の経済や活気が戻らない状況になってしまっています。
　御宿町議会では、住民と意見を交わすなど、コミュニケーションを図ることで、議会活動を少しでも理解していただくとともに、貴重な意見を今後の議会運営に活かすことを目的に、ワークショップを実施いたします。
　グループワークでは、普段話す機会がない議員と会話することで、思いや意見を伝えるとともに、私たちが住みやすいまちをつくるため、参加者みんなでアイデアや知恵、経験を聴き合い、語り合いましょう。

【プログラム】

案内司会：市原　茂　御宿町議会事務局長

14:00
1. 開会(5分)
   ・御宿町議会　土井議長あいさつ
   ・御宿町議会　懇談会推進リーダー北村議員あいさつ

14:05
2. 話題提供(15分)
   ・ファシリテーターのご紹介
     松下　啓一　氏（元相模女子大学教授）
     草野　百花　氏（相模原市南区若者参加プロジェクトの元実行委員長）
   ・松下ファシリテーターから話題提供
   ・草野ファシリテーターから話題提供

『若モノ×議会』まちづくりワークショップ

14:20
3. ワークショップ
「住みたいまちは自分たちでつくろう
　　～若者が元気で活躍する御宿をつくる・みんなで考えよう～」

　　進行司会: 草野 百花ファシリテーター
　　　　ファシリテーターから趣旨説明(3分)

(1) 自己紹介カードの記入
　　・記入 1分　・発表 5分
(2) グループ進行役の決定
　　・「若者」のうち、本日(7月8日)に一番近い誕生日の人かじゃんけんで決定

14:30

【前半】御宿に住み活動する若者にとって、御宿とはどういうまちなのか(30分)
① ≪聴き合い≫(話題提供を聞いて思ったこと、気づいたことなどの感想(10分)

② ≪聴き合い≫御宿に住み、活動する若者にとって、御宿とはどういうまちなのか(20分)
　　「若者にとって、御宿とはどんなまち」なのでしょうか。自分たちが住み、活動しているま
ちについて、地域の現状、魅力・いいところ、課題などを出し合ってください。
　　その「キーワード」「いい話」「いい言葉」と**自分が**思ったことを、どんどん模造紙の①側
にメモ書きしていってください。自由に書きだします。

15:00

【後半】「若者が活躍するまちになるために、どんな仕組みや活動があったら
　　よいだろう (20分)
③ ≪話し合い≫「こんなことをしたらいい」、「こんな仕組みや制度があったらよい」(10分)
　　前半の聴き合いで出された意見を踏まえ、若者が活躍できるまちにするために「こんなこ
とをしたらいい」、「こんな仕組みや制度があったらよい」といったアイディアを出し合って
ください。すぐできることから、ちょっと夢みたいなことまで、ともかく、思いついたこと
を出し合いましょう。
④ ≪出し合い≫これはよい、こんなのがあったらよい(10分)
　　出し合ったアイディアのなかから、「これはよい」「おもしろい」、「こんなのあったらよい」
というアイディアを模造紙の②側に書いていってください (誰かが『**それいいね**』、『**それ書い
て**』と声をかけてください)。
アイディアがたくさんあるほど、よい発表ができます。
その後、発表になるので、グループで発表者を決めておいてください。

2

『若モノ×議会』まちづくりワークショップ

15:20

【発表】一押し(イチオシ)の発表 （35分）
⑤ ≪発表の準備≫・たくさんの出たアイディアからの「一押し」を選ぶ(1個選択)(15分)

　「若者が活躍できる御宿にするために、こんな仕組みがよい、こんな活動がよい」というアイディアのうち、「これはいい」「みんなに伝えたい」「わがグループのオリジナルだ」というアイディアを1つ選んで、「**発表内容シート**」にまとめます
- ・発表者を決めてください
- ・発表にあたって考えておくこと
　　こんな意見が出たが、これに絞った。その理由は何々
　　なぜこのアイディアを選んだのか
　　アイディアの魅力やセールスポイント

⑥ ≪発表≫一押し(イチオシ)の発表(13分)
- ・発表時間は1分程度
　　短い時間ですが、パンチのきいた発表をお願いします。
　　発表者が発表する時、どなたかが発表内容シートを持ってあげてください。
- ・各グループの発表後、松下ファシリテーターからのインタビューがあります
- ・投票を意識しながら、発表を聞いてください
　　発表の得点メモ用紙を使って、各グループの発表に得点をつけておいてください。

⑦ ≪投票≫　参加者がこれはいいと思ったものを投票します(7分)
- ・「発表内容シート」を掲示ボードに貼ります
- ・投票用ポストイット(1人2枚)
- ・投票
　　別々のグループに投票（2票はまとめない）
　　自分のグループには投票できません

15:55

4. 閉会
　閉会あいさつ　・御宿町議会　滝口副議長あいさつ

皆さま、本日はご参加いただき、誠にありがとうございました。

「アンケート」にご記入いただき、お帰りの際に、出口の回収ボックスにお出しください。

Ⅷ．実際に使ったプログラムなど

2回目

『若モノ×議会』まちづくりワークショップ

『若モノ×議会』まちづくりワークショップ
「これからの御宿町」を楽しく語ろう

令和6年2月17日（土）午前10時～正午（御宿町役場　大会議室）

【第2回　ワークショップの開催について】
　御宿町議会では、住民と意見を交わすなど、コミュニケーションを図ることで、議会活動を少しでも理解していただくとともに、貴重な意見を今後の議会運営に活かすことを目的に、第1回ワークショップを昨年7月に実施し、貴重なご意見やヒントをいただき、議会活動に生かしてきました。
　また、令和5年9月に御宿町議会基本条例を制定し、今まで以上に住民の皆さんとの意見交換や情報交換が重要であることが謳われました。
　そのようなことを踏まえまして、第2回ワークショップを実施いたします。
　今回は、テーマを増やしての開催になります。私たちが住みやすいまちをつくるため、参加者みんなでアイデアや知恵、経験を聴き合い、語り合いましょう。

【プログラム】

案内司会：市原　茂　御宿町議会事務局長

10:00
1. 開会(5分)
　・御宿町議会　ワークショップ実行委員会　北村　昭彦　委員長あいさつ

10:05
2. ワークショップ開始(10分)
「若モノ×議会」まちづくりワークショップ「これからの御宿町」を楽しく語ろう

本日のテーマ
　　●子育て世代の移住促進のアイデアについて
　　●子どもの遊び場・みんなが集える場所を増やす方法について
　　●フリートーク（テーマがなく、なんでも話し合える）

　・ファシリテーターのご紹介
　　全体ファシリテーター　　　：吉野　有咲　氏(高校3年生)
　　サポートファシリテーター　：松下　啓一　氏(地方自治研究者・政策起業家)

1

『若モノ×議会』まちづくりワークショップ

10:05
自己紹介・進行役決定

(1) 吉野 ファシリテーターから本日のポイントの説明（3分）

(2) 自己紹介カードによる自己紹介（5分）
- 早く来場したら、記入してください
- 自己紹介

(3) グループ進行役の決定（2分）
- まず、やってみるよという人がいたらお願いする
- いなかったら、立ち上がって「じゃんけん」で決定

10:15
【前半】話し合い(1)（20分）
テーマに関して、現状や課題などを話し合う
このテーマを選んだ理由、問題意識など、ざっくばらんに発表・意見交換
「キーワード」、「いい話」、「いい言葉」と「自分が思ったこと」を、どんどん模造紙の
①側にメモ書きしていってください。自由に書き出す。

10:35
【後半】話し合い(2)（30分）
大事なのは提案　テーマについて、どうしたら実現できるか
こんな仕組みがよい、こんな活動がよいなど、テーマを実践する提案や
アイディアを出そう

① まずは考えてみよう　付箋に書こう！（5分）
すぐできることから、ちょっと夢みたいなことまで、思いついたことを付箋に書き出そう。

② 書いた付箋を順番に出しながら説明しよう　それについて質問してみよう

③ 全員が終わったら、出されたアイディアや提案をめぐって全体で意見交換してみよう
（②と③で25分）

11:05
【休憩】お茶とお菓子を楽しもう（10分）

VIII. 実際に使ったプログラムなど　85

　　　　　　　　　　　　　　　　　　　　　『若モノ×議会』まちづくりワークショップ

11:15

【発表シートをつくろう】（20分）
① アイディア満載の発表用シート（模造紙）をつくります
　　・今すぐできることから、ちょっと夢みたいなことまで
　　・「これはいい」、「みんなに伝えたい」、「我がグループのオリジナルだ」
② 発表用シート（模造紙）のつくり方
　　・テーマ、タイトルを書く
　　・今まで出たアイディア、その後思いついたアイディアを分類します
　　・見出しをつけます。大きな文字、分かりやすいタイトルで
　　　出し合ったアイディアのなかから、「これはよい」「おもしろい」、「こんなのあったらよい」
　　　というアイディアを模造紙に書いていってください。（誰かが『それいいね』、『それ書いて』
　　　と声をかけてください）
　　　アイディアがたくさんあるほど、よい発表ができます。
③ その後、発表になるので、グループで発表者を決めておいてください

11:35

【発表】発表しよう・質問しよう （25分）
　　・発表時間は3分程度、質問時間は2分程度
　　　短い時間ですが、パンチのきいた発表をお願いします。
　　　発表者が発表する時、どなたかが発表内容シートを持ってあげてください。
　　・各グループの発表後、ほかのグループから質問があります
　　・質問を意識しながら、発表を聞いてください

12:00

3. 総評・閉会のあいさつ
総評・閉会あいさつ　・御宿町議会　滝口　一浩　議長

皆さま、本日はご参加いただき、誠にありがとうございました。

「アンケート」にご記入いただき、お帰りの際に、出口の回収ボックスにお出しください。

3

③ 進行シナリオ

1回目

令和5年度第1回『若モノ×議会』まちづくりワークショップ』　シナリオ

時間	次第	シナリオ		備考
13:50	（開始前）		本日は、『若モノ×議会』まちづくりワークショップ』にお越しいただき、ありがとうございます。 まもなく、開会の時間となります。 指定されたお席へ、移動をお願いいたします。 なお、携帯電話をお持ちの方は、電源をお切りいただくか、マナーモードに設定いただくよう、お願いいたします。 <u>13:50、13:55に放送</u> （皆さんが着席したら） （①資料の確認） 　皆様のお席に本日の資料がございます。 　プログラム、自己紹介カード、発表の得点メモ用紙、アンケートの4種類です。 　不足する方は、お申し出ください。 （②自己紹介カードの記入） 　なお、自己紹介カードは、ワークショップ開始後に、記入する時間を設けますが、開会前のお待ちしている時間を利用して、ご記入ください。記入は、テーブルの上にある黒のボールペンでお書きください。なお、使用されたボールペンはお持ち帰りいただいて結構です。 　また、この自己紹介カードは、右端の三角の印のところで折っていただくと、席札として使えるようになっていますので、名前は大きめにお書きください。 　後ほど、自己紹介が終わった後に、席札としてお使いください。 　本日のワークショップは、議会だよりや新聞、出版社などに写真掲載を予定しておりますので、ご都合の悪い方は、お申し出いただければと思います。	
14:00	開会		皆さん、こんにちは。 本日は、お忙しい中、『若モノ×議会』まちづくりワークショップ』にお越しいただき、誠にありがとうございます。 本日、進行を務めさせていただきます、御宿町議会事務局の市原と申します。 どうぞ、よろしくお願いいたします。 なお、本日のワークショップは、議会だよりや新聞、出版社などに写真掲載を予定しておりますので、ご都合の悪い方は、お申し出いただければと思います。	
14:01	開会あいさつ		それでは、開会のあいさつを 御宿町議会　土井茂夫議長より申し上げます。 （開会あいさつ）	

1

VIII．実際に使ったプログラムなど　87

令和5年度第1回『若モノ×議会』まちづくりワークショップ』 シナリオ

			続きまして、懇談会推進リーダー北村議員からあいさつをいただきます。	
14:05	話題提供		それでは、ここで、『若モノ×議会』まちづくりワークショップ』を進めるにあたり、ファシリテーターの松下 啓一 さんと、同じくファシリテーターであります 草野 百花 さんをご紹介いたします。 松下さんは、元相模女子大学教授の経歴をお持ちで、現在地方自治研究家・政策起業家としてご活躍されています。 令和5年2月には、御宿町・大多喜町両議会議員を対象に、講演会講師として公演されるなど、御宿町を支援していただいております。 また、草野さんは、松下先生の元ゼミ生で、相模原市南区若者参加プロジェクトの実行委員長を務めるなど、ご活躍されています。現在は、某銀行にお勤めで、得意料理は麻婆豆腐と聞いております。 さて、今回のテーマは、 住みたいまちは自分たちでつくろう 　～若者が元気で活躍する御宿をつくる・みんなで考えよう～ です。 新型コロナウイルスの感染拡大から、そのような事業を実施することができませんでしたが、今年に入りようやく落ち着きを取り戻しつつあります。 一方で、感染を防ぐために、人と人との接触を避けることで、地域の行事や活動が長期にわたり自粛することとなり、これまで人と人との交流や親睦によって深めてきた住民同士のコミュニケーションが薄れるとともに、地域の経済や活気が戻らない状況になってしまっています。 御宿町議会では、住民と意見を交わすなど、コミュニケーションを図ることで、議会活動を少しでも理解していただくとともに、貴重な意見を今後の議会運営に活かすことを目的に、ワークショップを実施いたします。 グループワークでは、普段話す機会がない議員と会話することで、思いや意見を伝えるとともに、私たちが住みやすいまちをつくるため、参加者みんなでアイデアや知恵、経験を聴き合い、語り合いましょう。	
14:08			それでは、本日のテーマ 住みたいまちは自分たちでつくろう 　～若者が元気で活躍する御宿をつくる・みんなで考えよう～ について、本日話し合う話題提供を、松下ファシリテーターと草野ファシリテーターからお願いできればと思います。 それではよろしくお願いいたします。	
		松下先生 草野さん	話題提供　8分 話題提供　4分	

令和5年度第1回『若モノ×議会』まちづくりワークショップ』 シナリオ

14:20	ワークショップ	ここからは、いよいよ『若モノ×議会』まちづくりワークショップの時間です。 ファシリテーターは、先ほどご紹介いたしました草野さんにお願いいたします。 また、松下先生におかれましては、会場内を巡回していただきますので、何かあれば、先生にご相談いただければと思います。 それではよろしくお願いいたします。	
	趣旨説明	（別紙） 【ワークショップ前半】40分 草野ファシリテーターから趣旨説明 3分 自己紹介カードの記入・自己紹介等7分 ①聴き合い　　10分 ②聴き合い　　20分	別紙　草野ファシリテーターシナリオ参照
15:00		（別紙） 【ワークショップ後半】20分 ③話し合い　　10分 ④出し合い　　10分	
15:20	発表の準備	（別紙） 【発表の準備】15分	
15:35	発表	（別紙） 【一押し(イチオシ)の発表】20分 各グループの意見を発表　13分 投票　　　　7分 以上を持ちまして、本日のワークショップ終了 ＋草野さんのコメント それでは、バトンを事務局に返します。	
15:55	閉会	それでは、閉会のあいさつを 御宿町議会 滝口一浩副議長より申し上げます。 最後に、「アンケート」のご記入をお願いいたします。 お帰りの際に出口で回収いたします。 記入ができた方から、ご退出ください。 本日はありがとうございました。お気をつけてお帰り下さい。	

VIII. 実際に使ったプログラムなど　89

2回目

令和5年度第2回『若モノ×議会』まちづくりワークショップ』 シナリオ

時間	次第	シナリオ		備考
9:50 9:55	(開始前)		本日は、『若モノ×議会』まちづくりワークショップ』にお越しいただき、ありがとうございます。まもなく、開会の時間となります。 指定されたお席へ、移動をお願いいたします。 なお、携帯電話をお持ちの方は、電源をお切りいただくか、マナーモードに設定いただくよう、お願いいたします。 (①資料の確認) 　皆様のお席に本日の資料がございます。 　プログラム、自己紹介カード、アンケートの3種類です。 　不足する方は、お申し出ください。 (②自己紹介カードの記入) 　なお、自己紹介カードは、ワークショップの自己紹介の時に使用しますので、開会前のお待ちしている時間を利用して、ご記入ください。 　記入は、テーブルの上にある黒のボールペンでお書きください。 　また、この自己紹介カードは、右端の三角の印のところで折っていただくと、席札として使えるようになっていますので、名前は大きめにお書きください。 　後ほど、自己紹介が終わった後に、席札としてお使いください。 　本日のワークショップは、御宿町議会で録画をするほか、議会だよりや新聞、出版社などに写真掲載を予定しておりますので、ご都合の悪い方は、お申し出いただければと思います。 　自己紹介カードの記入が終わった方は、部屋の中央にお菓子をご用意してありますので、ご自由にお食べいただければと思います。	
10:00	開会		皆さん、こんにちは。 　本日は、お忙しい中、第2回目となる、若モノ×議会　まちづくりワークショップ にお越しいただき、誠にありがとうございます。 　本日、進行を務めさせていただきます、御宿町議会事務局の市原と申します。どうぞ、よろしくお願いいたします。 　なお、本日のワークショップは、御宿町議会で録画をするほか、議会だよりや新聞、出版社などに写真掲載を予定しておりますので、ご都合の悪い方は、お申し出いただければと思います。	
	開会あいさつ		それでは、開会のあいさつを 御宿町議会　ワークショップ実行委員会　北村昭彦委員長よりごあいさつ申し上げます。 (開会あいさつ)	

令和5年度第2回『若モノ×議会』まちづくりワークショップ』　シナリオ

10:03			それでは、ここで、『若モノ×議会』まちづくりワークショップ』を進めるにあたり、ファシリテーターの　松下　啓一　さんと、同じくファシリテーターであります　吉野　有咲　さんをご紹介いたします。 　前回、ワークショップにご参加された方はご存じかと思いますが、松下さんは、元相模女子大学教授の経歴をお持ちで、現在地方自治研究家・政策起業家としてご活躍されています。 　今回も、このワークショップを開催するにあたり、ご指導をいただいております。 　また、吉野さんは、高校3年生で、前回のワークショップに参加されましたが、次回のファシリテーターをやっていただけないかと今回お声がけしたところ、快諾をいただいて、ファシリテーターになっていただきました。 　本日は、よろしくお願いいたします。 　それでは、松下さん、吉野さん、よろしくお願いいたします。 （ファシリテーター　スタート）	
10:05			≪途中省略≫	
12:00	発表		以上を持ちまして、本日のワークショップを終了します。 ≪吉野ファシリのコメント≫ それでは、バトンを事務局に返します。	
12:00	総評・閉会		それでは、総評と閉会のあいさつを 御宿町議会　滝口一浩　議長より申し上げます。 最後に、「アンケート」のご記入をお願いいたします。 お帰りの際に出口で回収箱に入れてください。 記入ができた方から、ご退出ください。 本日はありがとうございました。 お気をつけてお帰り下さい。	

2

VIII．実際に使ったプログラムなど　　91

4 ファシリテーターシナリオ（別紙）

1回目

【別紙】	草野ファシリテーター　シナリオ

14:20

冒頭説明　（3分）

簡単に自己紹介

はじめに　楽しくワークするポイントをお話します

（1）ワークショップは、
　　　堅苦しく考えず
　　　肩の力を抜いて、
　　　気楽にお話ししてください。

（2）ポイントは3つです。
　　　1　笑顔が大事
　　　2　否定しない
　　　3　人の話を聴きましょう
　　　この3つを守って話し合いを

（3）気にしてほしい事
　　　今日は、テーブルにいるみなさんが主役です。
　　　・全員の方に、たくさんお話ししていただきたい
　　　・一人の方がずっとしゃべり続けることがないようにお願い
　　　（上記3つをA3掲示します）

今回のテーマ「**住みたいまちは自分たちでつくろう～若者が元気で活躍する御宿をつくる・みんなで考えよう～**」

　・少しでも地域のみんながつながり、支え合い、いつまでも住み続けられるまちにしたい
　・一人一人に何ができるか、自分事として何ができるのかが大事
　・そのための仕組みや工夫を考えたい

本日の進行

では、本日の進行について説明します。プログラムをご覧ください。

【前半】は、「御宿に住み活動する若者にとって、御宿とはどういうまちなのか」
　・話題提供を聞いて思ったこと、気づいたことなど

1

【別紙】　　　　　　　　　　草野ファシリテーター　シナリオ
　　　・自分たちが住み、活動しているまちについて、地域の現状、魅力・いいところ、課題などを
　　出し合います

　　【後半】は、「若者が活躍するまちになるために、どんな仕組みや活動があったらよいだろう
　・前半の聴き合いで出された意見を踏まえ、若者が活躍できるまちにするために「こんなことを
　　したらいい」、「こんな仕組みや制度があったらよい」といったアイディアを出し合ってもらい
　　ます

　　模造紙を使って書きだします

そして【発表】です。ここでは、一押し（イチオシ）にしぼって発表

発表の後に【投票】があります

　次に、テーブルの模造紙について説明します。
　模造紙は、前半は模造紙の①側を使います。後半は②側を使います。
　そして、最後の発表で、テーブルにあるA3の「発表内容シート」（グループ番号入り）を使いま
　す。

それでは、グループワークに入ります。

　14:23

自己紹介・進行役　７分

ではじめに、自己紹介カードを使って自己紹介をしましょう。
記入を１分間でお願いします。
それでは、自己紹介カードを使って自己紹介をしましょう。１人１分です。

メンバーの誰かが、時間管理をお願いします。
「３０秒経過」（表）、「１分終了」（裏）と書いたこの紙（A4の紙）時間管理してください。

では、自己紹介を始めてください。

次に、進行役を決めます。←議員は除くか。一緒でもいいかと思う。
・本日（７月８日）に一番近い誕生日の人
・立ち上がって、じゃんけんします。

進行役は決まりましたか？　それでは、グループワークを始めます。

2

VIII．実際に使ったプログラムなど　93

【別紙】　　　　　　　　　　　　草野ファシリテーター　シナリオ

【ワークショップ前半（３０分間）】

14:30

御宿に住み活動する若者にとって、御宿とはどういうまちなのか（３０分）

【前半❶】（１）話題提供を聞いて思ったこと、気づいたことなど感想を聴き合ってください。（１０分）

（様子を見て）
進行役は、全員が発言できるように、声をかける。
草野はアナウンスする
松下＋事務局は巡回しながら、一人でしゃべっている人がいると、それとなく、話していない人に水を向ける。

14:40

【前半❷】≪聴き合い≫御宿に住み、活動する若者にとって、御宿とはどういうまちなのか（２０分）

「若者にとって、御宿とはどんなまち」なのでしょうか。自分たちが住み、活動しているまちについて、地域の現状、魅力・いいところ、課題などを出し合ってください。

その「キーワード」「いい話」「いい言葉」と思ったことを、どんどん模造紙の①側に書き出していってください。自由に書きだします。

時間は２０分です。この時計で３時までです。
では、進行役の方、よろしくお願いします。

話し合いが滞っていたら、声掛けをする。草野、松下、事務局

（14：55）　残り時間５分のお知らせ　　※アナウンス「あと５分です」

3

【別紙】　　　　　　　　　　草野ファシリテーター　シナリオ

【ワークショップ後半（２０分間）】…

15:00

【後半】「若者が活躍するまちになるために、どんな仕組みや活動

があったらよいだろう　（２０分）

「こんなことをしたらいい」、「こんな仕組みや制度があったらよい」を話し合い、これはよい、面白いというアイディアを②側に書きます

≪話し合い≫「こんなことをしたらいい」、「こんな仕組みや制度があったらよい」（１０分）
・前半の聴き合いで出された意見を踏まえ、若者が活躍できるまちにするために「こんなことをしたらいい」、「こんな仕組みや制度があったらよい」といったアイディアを出し合って
・すぐできることから、ちょっと夢みたいなことまで、何でもＯＫです

15:10

≪出し合い≫これはよい、こんなのがあったらよい（１０分）
　出し合ったアイディアのなかから、「これはよい」「おもしろい」、「こんなのあったらよい」というアイディアを模造紙の②側にどんどん書いていってください。

アイディアがたくさんあるほど、よい発表ができます。
その後、発表になるので、グループで発表者を決めておいてください。

15:20

【発表】一押し（イチオシ）の発表　（３５分）

≪発表の準備≫・たくさんの出たアイディアからの「一押し」を選ぶ（１個選択）（１５分）

　発表は、「若者が活躍できる御宿にするために、こんな仕組みがよい、こんな活動がよい」というアイディアです。
　模造紙の②側の意見からグループのイチオシ意見、
　「これはいい」
　「みんなに伝えたい」、
　「わが班のオリジナルだ」という

4

【別紙】　　　　　　　　　　　　　　草野ファシリテーター　シナリオ
　「イチオシのアイディア」を１つ選びます。

　なお、発表された以外のアイディアも今後の参考にしますが、ここでは、イチオシを選んでください。
　発表に当たって
　・発表する人を決めてください
　・発表にあたっては、
　　　こんな意見が出たが、これに絞った。その理由は何々
　　　なぜこのアイディアの魅力やセールスポイント
　・発表のやり方は、各グループごとに考えて

15:30　（残り５分）
発表用シートに記入してください

15:35

≪発表≫一押し（イチオシ）の発表（１３分）
　それでは発表に移ります
　・発表時間は１分程度
　　　短い時間ですが、パンチのきいた発表をお願いします。
　　　発表者が発表する時、どなたかが発表内容シートを持ってあげてください。
　・各グループの発表後、松下ファシリテーターからのインタビューがあります
　・発表の順番は、松下先生にお任せします。よろしくお願いします。

　なお、発表の後に投票があります
　　１人で２票、投票できます。
　　自分のグループはだめですよ

投票を意識しながら、発表を聞いてください
お手元には発表の得点メモ用紙があります。これを使って自分なりに得点をつけておいて
ください。

（全グループの発表終了後）
　みなさん、ありがとうございました。

15:48

≪投票≫　（７分）
　では、これから投票に移ります。

　先ず、発表内容シートを掲示ボードに貼ります

【別紙】　　　　　　　　　　　　草野ファシリテーター　シナリオ
松下先生、投票の方法について、説明をお願いします。

≪投票≫　参加者がこれはいいと思ったものを投票します（7分）
　・投票用ポストイット（1人2枚）　束で置いておく（ポストイットのめくり方をやる）
　・投票
　　　別々の班に投票（2票はまとめない）
　・自分の班には投票できません

　以上を持ちまして、本日のワークショップ終了します。
　＋草野さんのコメント

　それでは、バトンを事務局に返します。

| 15:55 |

2回目　ファシリテーター用シナリオ

ファシリテーター用シナリオ

ワークショップ開始

10:05

冒頭説明（3分）

≪簡単に自己紹介（ファシリテーター）をお願います≫

はじめに　楽しくワークするポイントをお話します

(1)ワークショップは、
　　楽しくです。

　　それには、前のボードに貼ってあります、
　　堅苦しく考えず
　　肩の力を抜いて、
　　気楽にお話ししてください。

(2)そのポイントは3つです。
　　　1　笑顔が大事
　　　2　否定しない
　　　3　人の話を聴く
　　　この3つを守ってやれば、楽しくなります

(3)特に気にしてほしい事としては、
　　　今日は、テーブルにいる全員の方が主役なので、みんなで話し合います
　　　話しにくそうな人がいたら、声をかけてあげてください
　　　一人だけ、しゃべり続けることがないようにお願いします

3

本日の進行

では、本日の進行について説明します。プログラム 1ページの下をご覧ください。

本日のテーマは
- ●子育て世代の移住促進のアイディアについて
- ●子どもの遊び場・みんなが集える場所を増やす方法について
- ●フリートーク（テーマがなく、なんでも話し合える）

です。
それぞれのグループに分かれています。
今日は、これらのテーマを実現する仕組みや工夫などの提案、アイディア出しが目標です。
プログラム 2ページと3ページをご覧ください。

① 【話し合い(1)】では、このテーマを選んだ理由、問題意識などを話します

② 【話し合い(2)】では、テーマを実践する提案やアイディアを出します。
　 ここでは付箋を使います

③ 休憩をはさんで、模造紙を使って【発表シート】をつくり、発表になります。

全体には、こんな感じで進行します。その都度、声をかけますので、よろしくお願いします。

10:08

自己紹介・進行役 7分

プログラム 2ページをご覧ください。
でははじめに、自己紹介カードを使って自己紹介をお願いします。
書いていない人がいたら、記入してください。
それでは、自己紹介カードを使って自己紹介をしましょう。1人 1 分以内でお願いします。
メンバーの誰かが、時間管理をお願いします。
　（自己紹介の実施）
・・・・5分経過後・・・・
自己紹介が終わったら、進行役を決めてください
　・やってみるという人がいたらその人にお願いしてください。
　・いなければ、立ち上がって、じゃんけんして、決めてください。
・・・・2分経過後・・・・
進行役は決まりましたでしょうか。

4

【話し合い（１）（２０分間）】

それでは、グループワークを始めます。

| 10:15 |

【話し合い（1）】

先ず 話し合いの(1)です。

テーマに関して、現状や課題などを話し合います。

このテーマを選んだ理由、問題意識など、ざっくばらんに出し合い、意見交換をします。

ここでは記録をとらずにフリートークで進めます。

時間は20分です。この時計で10時35分までになります。

(この時計で10時　　　分までになります。)

では、進行役の方、よろしくお願いします。

（様子を見て）

・グループの進行役は、全員が発言できるように、声をかけてあげてください。

＊話し合いが滞っていたら、声掛けをします。松下＋事務局

（10：30）残り時間5分のお知らせ　※アナウンス「あと5分です！」

5

【話し合い（2）】（30分間）

それでは【話し合い(2)】に移ります。

```
10:35
```

【話し合い(2)】

プログラム　2ページ下をご覧ください。
話し合いの(2)は、テーマについて、どうしたら実現できるか。
こんな仕組みがよい、こんな活動がよいなど、テーマを実践する提案やアイディアを
出しあいます。

① まずは、自分のアイディアや提案を付箋に書きます
　「こんなことをしたらいい」、「こんな仕組みや制度があったらよい」という
アイディアや提案を付箋に書きます。
　なお、付箋に書くのは、1アイディアは1枚です。あとで、これを分類しますので、
よろしくお願いします。

② 全員が書き終わったら、順番に書いた付箋を出しながら、説明します。それに対する
質問もおねがいします。

③ 全員が終わったら、出されたアイディアや提案をめぐって全体で意見交換をしてみよう
　「これはおもしろい」、「こんなのあったらよい」「わがグループ1押し」など、全体で議
論してください。

それでは、よろしくお願いします。

(11:00)　残り時間5分のお知らせ　※アナウンス「あと5分です」

```
11:05
```

休憩・お茶とお菓子を楽しもう

　10分間の休憩です。お茶の時間とします。中央に、お菓子をご用意いたしました。
　おいしそうなものがたくさんありますので、皆さんお集まりいただき、ほかの方に
も声をかけて、お話ししてみましょう。

6

Ⅷ．実際に使ったプログラムなど　101

【発表シートをつくろう】（２０分）

```
11:15
```

プログラム　３ページをご覧ください。

【発表シートをつくろう】

①模造紙を使って、発表用シートをつくります
・今すぐできることから、ちょっと夢のようなものまで
・「これはいい」「みんなに伝えたい」、「わがグループのオリジナルだ」を発表します

②発表用シート（模造紙）のつくり方ですが
・まず、テーマ、タイトルを書きます
・今まで出たアイディア、今思いついたアイディアを分類します
・それに見出しをつけましょう。大きな字、分かりやすいタイトルでお願いします。
　　（前で松下先生がデモンストレーションを行う）

③その後、発表になるので、発表者を決めてください。
　　そして、どのように発表するか、方法も考えてみてください。
　　なお、発表は、各グループ３分でお願いします。
　　発表方法は、グループごとに自由に行ってください。

　　それではよろしくお願いします。

（11:30）残り時間5分のお知らせ　※アナウンス「15分経過です。あと5分です」

7

【発表】（２５分）

11:35

発表しよう・質問しよう

最後の発表に移ります。
発表は、各グループ3分でお願いします。
その後、他のグループから、質問や提案を2分程度でお願いします。

・発表にあたっては、
　　こんな意見が出た
　　これで盛り上がった
　　このアイディアの魅力やセールスポイント
　など、内容は各グループごとに工夫してください。

・発表のやり方も、各グループごとの自由です。

この部分の進行は、松下さん、よろしくお願いします。

（各グループの発表終了後）
　≪松下先生によるファシリの全体コメント≫

ワークショップの終了

以上を持ちまして、本日のワークショップを終了します。
≪吉野ファシリのコメント≫

それでは、バトンを事務局に返します。

12:00

5 自己紹介カード

1回目

自己紹介カード

令和5年度第1回『若モノ×議会』まちづくりワークショップ

·····やまおり·····▶

お　名　前

·····やまおり·····▶

ご所属やお仕事・活動など
例）○○の販売、高校生、○○ボランティア、
自治会役員、○○サークル　など

あなたにとって楽しいことは？

御宿町の好きなところは何ですか？

·····やまおり·····▶

今日はどんなことを期待しますか？

2回目

自己紹介カード

令和5年度第 2 回『若モノ×議会』まちづくりワークショップ

······ やまおり ·····▶

お 名 前

······ やまおり ·····▶

ご所属やお仕事・活動など
例)〇〇の販売、高校生、〇〇ボランティア、
自治会役員、〇〇サークル など

このテーマを選んだ理由は?

**あなたの得意なこと(不得意なこと)は
何ですか?**

······ やまおり ·····▶

今日はどんなことを期待しますか?

Ⅷ. 実際に使ったプログラムなど　105

6 アンケート

1回目

※差し支えない範囲で、ご記入ください。

アンケートにご協力ください

お名前： _____

年代：10代　20代　30代　40代　50代以上　※○をつけてください。

※該当する項目にチェックをしてください。

1　御宿町議会、議員の活動内容をご存じでしたか。

□知っている　□ある程度知っている　□少し知っている　□全く知らない

2　今日のワークショップで、ご自分の思いを話したり、参加者の様々な意見を
　聴くことができましたか。（複数回答可）

□自分の思いを話すことができた　　　□あまり話すことができなかった

□いろいろな人の意見が聞けてよかった　□話を聞いて新たな発見があった

□楽しめなかった（理由：　　　　　　　　　　　　　　　　）

□つまらなかった（理由：　　　　　　　　　　　　　　　　）

□その他（　　　　　　　　　　　　　　　　　　　　　　）

3　次回も参加したいと思いますか。

□思う　□思わない　□わからない

4　今日のワークショップに参加して、御宿町議会、議員活動について理解する
　ことができましたか。

□理解できた　□少し理解できた　□理解できなかった

5　今日のワークショップに参加して、ご自身の気持ちが変化した点があれば
　お書きください。

6　本日の感想や言い足りなかったことなど、一言でも結構ですので、何でも
　自由にお書きください。

本日は、ご参加いただき、誠にありがとうございました。　御宿町議会議員一同

2回目

※差し支えない範囲で、ご記入ください。

アンケートにご協力ください

お名前: ＿＿＿＿＿＿＿＿＿＿＿＿＿＿

年代:10代　20代　30代　40代　50代以上 ※〇をつけてください。

※該当する項目にチェックをしてください。

1　御宿町議会が発行している『議会だより』をご覧いただいていますか。
□毎号見ている　□よく見ている　□たまに見ている　□ほとんど見ていない
□全く見ていない

2　このようなワークショップに参加しやすい曜日、時間帯はいつですか。
（複数回答可）

□日曜日　□月曜日　□火曜日　□水曜日　□木曜日　□金曜日　□土曜日
時間帯:□午前9時〜正午　　□午後1時〜5時　　□午後6時〜9時

3　今日のワークショップで、ご自分の思いを話したり、参加者の様々な意見を聴くことができましたか。（複数回答可）
□自分の思いを話すことができた　　　　□あまり話すことができなかった
□いろいろな人の意見が聞けてよかった　□話を聞いて新たな発見があった
□楽しめなかった（理由:　　　　　　　　　　　　　　）
□その他（　　　　　　　　　　　　　　　　　　　　）

4　次回、ワークショップを実施する場合、どんなテーマがいいと思いますか。

5　本日の感想や言い足りなかったことなど、一言でも結構ですので、何でも自由にお書きください。

本日は、ご参加いただき、誠にありがとうございました。　御宿町議会議員一同

VIII.　実際に使ったプログラムなど　　107

7 発表用シート（第１回目に使用）

発表内容シート

「若者が活躍できる御宿にするために、こんな仕組みがよい、こんな活動がよい」というアイディア」

_____ グループ

※グループのイチオシ意見、のうち、「これはいい」「みんなに伝えたい」、「わが班のオリジナルだ」というアイディアを１つ選びます

8 ワークショップのルールA3判 （1回目、2回目に使用）

（1）ワークショップは、

- 堅苦しく考えず
- 肩の力を抜いて
- 気楽にお話し

してください。

（2）ポイントは3つです。

- 笑顔が大事
- 否定しない
- 人の話を聴きましょう

この3つを守って話し合いをしましょう

（3）気にしてほしい事

今日は、テーブルにいるみなさんが
主役です

・全員の方に、たくさんお話しして
いただきたい

・一人の方がずっとしゃべり続ける
ことがないようにお願いしたい

9 会場図

1回目

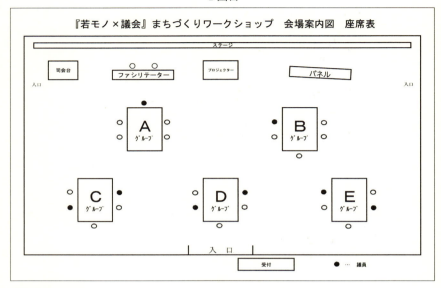

● 議員　○若者

2回目

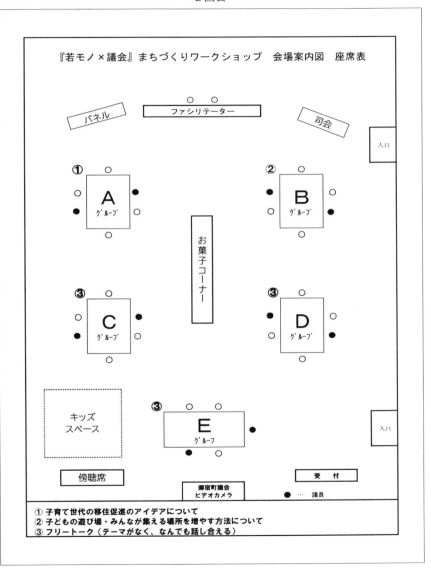

VIII．実際に使ったプログラムなど

おわりに

若者とのワークショップができれば誰とでもできる

　若者と議会の明るいワークショップができるようになれば、誰とでも明るいワークショップはできるようになる。子育て中のお父さん、お母さん、働き盛りの会社員、リタイアした高齢者など、自由自在にできる。

　明るいワークショップの効用は大きい。若者や子育て中のお父さん、お母さんにとっては、議会や議員は、普通、近寄りがたい存在だろう。でも、一度、議会との明るいワークショップをやってみると、ずいぶん遠くの方にいると思った議員は、思いのほかフレンドリーで話好きということが分かるだろう。

　私たちの国は、資源がない国である。最大の資源は人だろう。人と人が疎遠であったり、いがみ合っていたら、その資源は活かせない。若者と議会の明るいワークショップは、日本の未来を切り開く、重要なツールになると思う。

　話は大げさになったが、本書によって、「明るく、楽しく、有意義な」ときを過ごしてもらいたい。

松下啓一（まつした・けいいち）
地方自治研究者・政策起業家、元相模女子大学教授
専門は現代自治体論（まちづくり、協働、政策法務）。
横浜市職員を経て大阪国際大学教授、相模女子大学教授を歴任。26年間の横浜市職員時代には、総務・環境・都市計画・経済・水道などの各部局で調査・企画を担当。
著書に、『事例から学ぶ・市民協働の成功法則：小さな成功体験を重ねて学んだこと』（水曜社）『市民がつくるわがまちの誇り：シビック・プライド政策の理論と実際』（水曜社）『事例から学ぶ若者の地域参画成功の決め手』（第一法規）『自治するまちの作り方：愛知県新城市の「全国初の政策づくり」から学ぶもの』（イマジン出版）『定住外国人活躍政策の提案』（萌書房）など多数。

はじめてみよう！　若者と議会の明るいワークショップ
2024年11月25日　　第1刷発行

著　　者―――松下啓一
発　　行―――日本橋出版
　　　　　　　〒103-0023　東京都中央区日本橋本町2-3-15
　　　　　　　https://nihonbashi-pub.co.jp/
　　　　　　　電話／03-6273-2638
発　　売―――星雲社（共同出版社・流通責任出版社）
　　　　　　　〒112-0005　東京都文京区水道1-3-30
　　　　　　　電話／03-3868-3275
校　　正―――日本橋出版
Ⓒ Keiichi Matsushita Printed in Japan
ISBN 978-4-434-34906-5
落丁・乱丁本はお手数ですが小社までお送りください。
送料小社負担にてお取替えさせていただきます。
本書の無断転載・複製を禁じます。